KB057552

소농은
혁명
이다

소농은
혁명
이다

'똥꽃' 농부
전희식이 꿈꾸는
희망농촌

모시는사람들

올해도 농부학교를 시작하며

언젠가부터 환경운동하는 사람들 사이에는 불문율이 생겼다. 농사 없는 환경운동은 말짱 도루묵이라는 것인데, 동의하지 않는 사람이 있을 수 있지만 이런 말이 나오게 된 배경에는 농업의 환경 역할이 크다는 반증이 되겠다. 이를 농사의 공익적 가치라고도 하고 환경보전적 기능이라고도 한다.

농경제학에서도 농업의 두 가지 측면을 중요시하는데, 하나가 농산물의 생산성이고 다른 하나는 환경보전적 기능이다. 환경보전적 기능이라는 개념이 그냥 등장한 게 아니다. 농업의 '타락'으로부터 생겨난 것이다. 다시 말하자면 농업이 공익성을 많이 잃었다는 것이다. 이 지점에서 '소농'이 등장하게 된다. 농사의 본래 행위와 뜻을 되새기면서 농업이 가진 공익성과 환경보전성을 복원하고자 하는 것이다.

현대농업의 과도한 기계화와 화학화, 즉 산업화는 박근혜 정부에 들어와서 6차 산업화니 스마트농업이니 하면서 더 강화되고 있다. 정보기술과 결합하면 농업은 첨단산업이 된다면서 빅데이터(대규모 자료구축)니, 드론(무인항공기)이니 하면서 파종과 수확은 물론 병충해까지 정보기술이 해결한다고 강조한다. 착유 로봇으로 우유를 짜고 드론으로 찍은 수많은 항공사진을 인공위성과 교신하면서 농장을 경영하는 시대가 열린다고 한다. 세인의 관심을 끌었던 인공지능 '알파고'와 함께 농업에서의 로봇공학과 정보기술은 더 빠르게 접목될 것으로 보인다.

그러나 최근의 큰 흐름은 소농의 가치와 필요에 주목하는 것이다. 생명평화운동에서도 농업이 빠지면 안 되는 것으로 여기고 있으며 영성 수련과 심리 정화 과정에도 농사가 등장했다. 교도 행정에도 농사가 들어가고 있으며, 교육 현장에까지 농장이 생겨나고 있는 실정이다. 모든 대안학교에서 농사가 정규과목으로 들어간 것은 이 학교가 대안학교냐 아니냐의 판별 기준이 될 정도다.

농사 행위의 자연치유 효과도 주목받기 시작했다. 그래서 도시농업, 농부교실, 귀농학교, 농사대학 등의 과정이 민간과 공공 영역에서 빠르게 확산되어 가고 있다. 종교단체들이 이런 흐름에 참여한 지는 오래되었다. 불교, 천주교, 기독교, 원불교는 대표적인 사례다. 5대 종단 중 하나인 천도교에서도 농부학교를 열고 있다.

종교단체까지 나서서 농부학교를 만드는 것은 전 지구적 복합오염 사태를 맞은 불가피한 선택으로 보인다. 생명, 생존, 생태 문제의 근원이 농사라는 인식이 널리 공유되는 현상이라 하겠다. 농사에서 종교의 가르침과 일치점을 발견한 것이라고 할 수도 있겠다. 사실 농사 본연의 이치와 기능은 종교적 교의와 신기할 정도로 일치한다. 그래서 대자연 그 자체가 신이고 한울이고 부처라고 주장하기도 하는 것이다. 산업화된 농업이 아니라 '소농'에서만 통하는 얘기다.

스마트 농업이나 농업의 6차 산업화에서는 농산물의 상품화 외에 이와 같은 효과와 역할은 기대할 수 없다. 일제 강점기 시대에는 독립과 척왜가 시대적 과제였다면 지금은 단연 환경이고 생태며 영성이다. 그 중심에 농사가 있다. 기후변화의 가속화 시대에 자급생활공동체의 구축은 충분히 종교적 과제가 될 수 있다. 종교공동체는 교리와 종교의식 중심에서 삶의 공동체 방향으로 나아가는 것이 시대적 흐름이기도 하다. 그래서 종교단체의 농부학교를 감히 3.1 운동과 비교하는 것이다. 그래서 소농을 혁명이라 부르는 것이다.

천도교 경전에는 「천지부모」 편이 있다. 이는 해월 최시형 선생의 말씀이다. 여기에서 해월은 말하기를, 우리가 태어나서 어릴 적에는 어머니 젖을 먹고 자랐다면 자라서는 오곡을 먹고 사는데, 이것이 천지부모의 젖이라고 했다. 다시 말해서 우리가 먹는 음식, 그것은 어머니의 젖과 같다는 것이다.

해월 선생은 만사지식일완(萬事知食一碗, 밥 한 그릇이 만고의 진리다.)이라 하시면서 일완지식함천지인(一碗之食 含天地人, 한 그릇의 밥

속에는 하늘과 땅과 사람이 담겨 있다.)라는 말씀을 덧붙였다. 오곡으로 표현되는 음식 모두는 한울이고 우주다. 그것은 농사에서 얻어진다. 농사와 농촌, 그리고 농민을 새롭게 바라보라는 가르침들이다.

이러한 가르침을 새삼 되새겨 보는 것은 인류의 문명과 우리 농업이 점점 더 어려운 방향으로 가고 있다는 느낌을 지울 수 없어서다. 여기 글들은 농업의 희망 찾기 더듬이들이다. 우리나라 주류 농업은 위기를 더 가중시키는 방향으로 가고 있기 때문에 희망의 방향이 어느 쪽인가를 애써 더듬어 보면서 이 글들을 썼다. 글들이 쓰인 때가 각기 다르다. 실린 매체도 한 군데가 아니다. 그래서 같은 주제의 글들은 한곳으로 모으고 때로는 합치기도 했다.

온 산천이 산록으로 눈부신 4월. 도시에서, 농촌 지역에서 농부학교를 열 채비를 하고 있다. 도시인들을 농촌으로 안내하는 과정이기도 하고, 생명의 밥 한 그릇에 담기는 하늘, 땅, 사람을 만나는 과정이기도 하다. 새로운 문명을 일구는 조용한 혁명이다. 이 책이 밥 한 그릇의 온기로 전달되었으면 한다.

이 책이 출간되도록 애써 주신 도서출판 모시는사람들께 감사를 올린다.

2016년 4월
농부 전희식

차례

2부 | 소농은 새로운 문명운동이다

3부 | 도시문제 해결법, 농촌에 있다

4부 | 변화는 새로움을 추구할 때 찾아온다

1부

먹을거리는
최신 전자기기보다
소중하다

한반도 기후변화, 한국 농업의 비상구는?

요즈음 날씨가 말이 아니다. 종잡을 수가 없다. 눈폭탄이라는 말이 나돌더니 지금은 이틀째 비가 쏟아지고 있다. 설도 안 지났는데 맹추위가 거짓말처럼 사라지고 봄이 온 듯하다. 아니나 다를까. 지구 남반부 호주에서는 가뭄과 폭염으로 섭씨 50도를 웃돈다고 한다. 이번 여름은 폭염과 가뭄, 홍수가 동시에 한반도를 휩쓸지도 모른다는 걱정이 앞선다. 지구 기후는 전체적으로 균형을 맞추기 때문이다. 겨울이 가물면 여름에 홍수가 나고, 아프리카에 홍수가 나면 북미 지역에 가뭄이 드는 식이다.

농사가 걱정이다. 우리나라 농업은 기후변화에 제대로 대응하지 못하는 것으로 보여서다. 지구온난화는 사실 북한 핵보다도, 중동 지역의 테러보다도 수백 배 더 위험하다고 느끼는 사람들이 우리나라에 얼마나 될까? 지구온난화 방지를 위한 국제협약인 교토의정서가 작년에 폐기될 위기를 간신히 넘기고 8년간 수명이 연장됐지만, 주요국들은 요 핑계, 조 핑계로 다 빠져나가고 한국마저 세계 경제대국 자랑할 때는 언제고 이럴 때는 끝끝내 개발도상국 지위를 쟁

취(!)해 2020년까지 의무를 면제받고 있다. 알려진 대로 가장 고약한 것이 미국이다. 미국은 세계 이산화탄소 배출 총량의 28%에 책임이 있으면서도 2001년에 교토의정서를 탈퇴해 버렸다. 지구 앞날이 비관을 넘어 암담한 실정이다. 한국은 국가별 기후변화 대응 수준에서 34위에 머물고 있다.

금세기 들어 한반도는 세계 평균기온 상승의 두 배를 기록했다. 급속한 경제개발 정책 때문이다. 이전 40년 동안 1.4도가 올랐는데, 앞으로 40년 동안은 3.2도가 올라간다는 진단을 '기후변화에 관한 정부간협의체(IPCC)'에서 내놓고 있다. 이 정도면 우리 농업에 얼마만큼의 변화가 올까?

기후변화로 인한 해수면 상승, 지열 상승, 극지방의 해빙, 지층 메탄가스의 방출 등은 모두 다 농업에 치명적인 영향을 끼친다. 우리 농업에도 무관할 수가 없다. 한반도의 평균기온이 3.2도 올라가면 함경도 산간 지역을 포함해 남북한 어디에서도 사과를 재배할 수 없게 된다는 게 전문가들의 일치된 견해다. 아열대 농작물 재배를 대안으로 내세우기도 한다. 이미 전북 김제에서 한라봉 재배가 성공했다지 않은가. 재배 한계선이 북상하면 동남아에서 수입하던 망고나 골드키위, 아보카도 등을 자급할 수 있다는 주장도 있고, 식물공장을 지으면 된다고도 하지만 어림없는 예측이다.

벼의 불임률이 지속적으로 올라가면서 5~7% 대에 육박하고 있는 현실은 뭘 말해 주는가. 기온이 올라가면 우리나라도 이모작이 가능하다는 주장을 무색하게 하는 현상들이다. 생물의 생리적 스트레스와 종의 기후변화 적응이 간단치 않다는 얘기다. 기온 상승이 너무 빠르다는 것이다. 쯔쯔가무시, 탄저병 등 질병과 병충해가 급증하는 현상도 기후변화 때문이라는 게 중론이다. 기후변화를 두고 하늘을 원망할 게 아니라 인간의 삶을 돌아봐야 한다. 문명 자체를 재점검할 것을 요구하고 있다.

어떻게 해야 할까? 이른바 '돈 버는 농사'니 '1억 소득 농가 몇 호'니 하는 70년대 개발주의식 구호를 농촌에서 걷어 내는 것이다. 돈 버는 것이 최대 목표인 농사를 필자는 자해 문명이라고 주장한 바 있다(졸저, 『아름다운 후퇴』, 자리, 2012). 기후변화 대응책이라는 것이 도리어 기후변화를 악화시키는 게 돼서는 안 된다. 첨단 시설 농사가 그렇다. 농가 소득의 큰 비중을 차지하는 것들은 다 기후변화를 촉진하는 것들이다. 자살행위다.

성장과 개발과 소득 증대라는 구호는 농민을 위한 게 아니다. 그럴수록 농민은 더 공업자본에 예속돼 간다는 것을 수십 년간 목격해 왔지 않은가. 온난화 촉진 외의 다른 방법으로 농가의 생활보장책이 나와야 한다.

경제대국은 저개발국에 죄의식을 가져야 하고 부자들은 못 사는 사람들에게 죄책감을 가져야 한다고 하면 무슨 얘기냐고 반문할지 모른다. 경제대국과 부자들은 지구를 망가뜨린 온난화의 주범이면서 그 피해는 저개발국과 가난한 사람들에게 덮어씌우기 때문이라면 수긍이 될지 모르겠다.

농법의 체계적인 후퇴도 필요하다. 저투입, 무경운, 저에너지, 소농, 탈석유 농사를 향해 피나는 노력을 기울여 나가야 한다. 고전농법에 관심을 기울일 때다. 우리는 티베트 사막에 나무 심으러 가고 미국의 흉작에 밥상 물가가 오르는 지구촌 시대에 산다.

농업은 저탄소 음식을 권장하고 그런 식품을 키워야 한다. 생산 과정에서의 고탄소 음식을 순서별로 따져 보면, 양고기, 소고기, 치즈, 돼지고기, 칠면조, 닭 순이다. 쌀 등 곡류, 요구르트, 두부, 야채는 생산 과정에서 이들보다 많게는 몇십 배 이산화탄소를 적게 발생시킨다. 물론 제철 자연재배일 경우다. 중장기적인 기후변화 대응 자연농업으로의 전환이 시급하다.

- 〈한국농어민신문〉, 2013년 2월

식물공장은 농업이 아니다

수직농장, 때로는 빌딩농업이라고도 불리는 식물공장은 몇 년 전부터 줄기차게 칭송받아 왔다. 식물공장이야말로 먹을거리 문제를 해결하는 신기술이고 미래농업이라는 것이다. 기후와 계절에 관계없이 계획적으로 농산물을 생산해 낸다든가, 생산 공간을 엄격하게 통제하여 바이러스 등을 원천 봉쇄해서 무농약 재배가 가능하다든가, 수급 조절이 원활해서 농산물 가격의 급락을 피할 수 있다는 등의 이유다. 그래서 이명박 정부는 물론이고 박근혜 정부 들어서도 식물공장에 대한 지원은 계속 늘어나는 추세다.

우리가 분명하게 알아 둘 것이 있는데, 식물공장은 농업이 아니고 공업이다. 농업의 소중한 가치가 거세된, 말 그대로 공장에 불과하다. 농업이 문제인데 농식품부 재정을 공업에 쏟아붓는다는 것은, 가난뱅이 밥그릇으로 부자 배 채우는 식이요, 언 발에 오줌 누는 꼴이다. 왜 그런지 살펴보자. 비닐하우스와 같은 시설재배와 비교했을 때 14배나 높은 생산원가 부담이라든가 지구 온실가스를 엄청나게 발생시키는 반환경적 시설이라는 것도 문제러니와 더 심각한 문제가 있다.

먼저 오늘날 농업의 위기, 식량의 위기는 범지구적 기후변화(온난화)와 중화학 전자 석유 공장이 된 농장에서 촉발된다. 그런데 식물공장은 이런 현상을 더욱 조장한다. 지구온난화를 가속시키며 농장에 투입되는 중화학 전자 석유 공업 비중을 강화한다. 아랫돌 빼서 윗돌 괴는 격이라는 지적을 받는 이유다.

두 번째는 농업의 다원적 가치를 전면 부정한다는 점이다. 모든 나라들이 농산물의 가격 지지 정책과 농민 소득 보장책을 두는 것은 농업의 다원적 가치 때문이다. 토양 유실을 막고 홍수나 가뭄 피해를 줄이며, 정서적·문화적 순기능에 대한 이해를 바탕에 두고 있다. 그러나 식물공장은 정반대다. 환경 보존 기능은커녕 식물공장에 투입된 양액(養液)은 오염 물질이 되어 밖으로 나온다. 또한 식물공장은 주로 소비처가 밀집된 도시 지역에 건립될 텐데, 교통 문제, 주택 문제에 대한 역기능을 낳을 것이다.

가난뱅이 밥그릇으로 부자 배 채운다는 비유를 살펴보자. 식물공장의 내부 시설과 운영을 가만히 머릿속으로 그려 보면 쉽게 이해가 될 것이다. 얼마 전 준공된 충청북도 농업기술원의 130평 남짓되는 식물공장을 만드는 데 12억 5천만 원이 들었다. 이 돈들이 다 어디로 흘러들어 갔겠는가? 대자본과 그 하청 계열화된 중화학 전자 석유 공업으로 흘러들어 갔다고 보면 된다. 무분별한 자유무역협정(에프티에이, FTA)으로 농촌과 농민을 압박하여 자동차, 통신, 반도체, 조선 산업 배를 불리다 못해 식물공장이라는 그럴 듯한 눈속임으로 농식품부 예산을 산업자원부에 투입하니 가난뱅이 밥그릇으로 부자 배 불린다는 말이 나올 법하지 않은가? 유럽과 일본에서 이미 실패로 판정 난 식물공장을 부추기는 것은 자본의 음모라고밖에 볼 수 없다.

사실 우리 농업의 고질화된 문제를 해결하기는 쉽지가 않다. 농지 소유 문제, 농가 소득, 농촌 노령화, 식량자급률 등 어느 것 하나 쉬운 게 없다. 생태 정권, 생명 평화 정권이 들어서지 않고서는 해결되지 않을 것으로 보인다. 그러나 급할수록 돌아가라는 말이 있다. 모로 가도 서울만 가면 된다는 식으로 해서 풀릴 일이 아니다.

장기적으로 제철재배, 노지재배, 토종재배, 소규모 가족농 지원 등으로 농업인구를 늘리는 정책이 필요하다. 아울러 음식물 쓰레기가 양산되는 현재의 체제를 개선해서 식품의 유실을 막고 지역 먹거리 순환 체제를 튼튼히 하는 것이 식물공장보다 백배 중요하다.

-〈한국농어민신문〉, 2013년 5월

환경분쟁 조정에 관한 조례

　전라북도 장수군은 현재 '더클'이라는 폐기물 공장 설립을 놓고 주민과 군청, 사업자 간에 갈등을 빚고 있다. '폐기물관리법'에 의한 설립 신고서의 법적 요건이 갖춰졌다면 설립을 불허하기가 난처한 것이 군의 입장이겠지만, 주민대책위의 생활권·환경권 요구가 전 군민의 20%가 넘는 공장 설립 반대 서명으로 나타나고 있는 현실은 법적 합치 여부와는 또 다른 측면을 반영하고 있다.

　농번기임에도 고령의 농촌 주민들이 열흘 넘게 계속되는 군청 광장 천막 농성과 두 차례의 대규모 군중집회를 치러 내는 것은 크나큰 출혈이 아닐 수 없거니와 1,200만 원을 넘어선 주민들의 자발적인 투쟁 성금은 시골 농민들의 피땀 어린 쌈짓돈인데, 이것이 길거리에 뿌려지고 있는 것은 여간 안타까운 일이 아니다. 이를 관련법 뒤에 숨어서 수수방관하는 군청의 태도는 비난받아 마땅하다.

　언젠가부터 이런 광경은 농촌에서 흔히 볼 수 있는 일로, 도시의 식민지가 되어 버린 농촌은 생활재의 공급원이자 도시 쓰레기의 처리장이 된 지 오래다. 공업의 부속물로 취급되는 농업은 한·미 에프티에이(FTA)에서도 보였듯 모든 국제 경제 협약의 희생물이다. 경남 밀양에서 일어난 이치우 할아버지의 분신 사망도 같은 맥락이고, 멀리는 부안 방폐장 반대 투쟁도 마찬가지다. 크고 작은 농촌의 환경분쟁은 더욱 빈번해질 전망이다. 지역이기주의를 넘어서고 지역 갈등의 기회비용을 줄이는 '환경분쟁 조정에 관한 조례' 등 몇 가지 방편을 검토해 볼 수 있을 것이다.

먼저, 조례 제정의 취지와 목적을 분명히 하는 것이다. 장수군 의회와의 간담회 자리에서 장수군 주민대책위가 제안한 내용인데, 이런 조례 제정을 요청한 것은 기존의 '환경분쟁조정법'에서 9개월이라는 조정 기간이 너무 길고 광역시·도 단위에서만 분쟁 조정 운영에 관한 조례를 제정하게 하는 것도 한계로 지적되고 있어서다. 또한, 군수의 독점적 사업 인허가권을 환경문제에 있어서만큼은 지역 직접민주주의의 구현으로 바꿔 보자는 게 이 제안의 취지다. 빈발하는 지역의 환경분쟁 때마다 반복되는 사회적 출혈을 줄이고자 하는 것도 조례 입법의 취지다.

이 조례에서는 분쟁 조정 기구의 구성과 권한이 조례의 주요한 조항이 될 것이다. 이 기구가 잘못 구성되어 운영되면 지역민의 절박한 생존권 요구 분출 자체가 제약을 받고, 왜곡·완충되어, 지자체 정책결정의 책임 전가로 나타날 수 있기 때문이다.

둘째는 분쟁 조정 대상 요건을 강화하는 문제다. 환경문제가 지역민의 배타적 이기주의로 전락되지 않게 하기 위함이다. 쓰레기와 폐기물은 우리 모두가 그 생산자다. 물질문명의 산물이며 갖은 편리의 부메랑이다. 그래서 해당 주민들이 환경분쟁 조정을 요청할 수 있는 조건을 강화해 최근 몇 년간 환경오염 사례가 없어야 한다거나, 아니면 앞으로 환경보존을 위해 지켜야 할 어떤 결의를 전제로 하자는 것이다. 자신이 쓰레기 만드는 작은 공장이었다는 성찰 없이 주장하는 폐기물 재처리 공장 반대는 자가당착이다. 환경에 부담을 주는 화학농사법에 대한 규제도 포함 여부를 검토해 볼 수 있겠다.

셋째는 상위법에서 다룰 문제로, 폐기물 재처리와 관련해서는 수혜자 부담 원칙이 강화되어야 할 것이다. 폐기물 쓰레기 생산자가 그것의 처리 비용을 부담하게 해, 쓰레기 자체를 줄일 수 있는 관련법의 제·개정도 필요해 보인다.

사람은 누구나 자신의 삶이 평온하고 안정되어 있을 때는 가치와 철학을 중심으로 행동을 강화하지만, 삶이 위협에 처하게 되면 자기가 속한 같은 처지의 구성원과 이해를 공유하면서 안전을 강화하는 방향으로 행동한다. 수십 년간 계속 악화 일로에 있는 농촌 지역의 주민들이 벌이는 집단행동은 이런 관점에서 이해하고 수용할 필요가 있다. 농업과 농촌이 무너지면 세상이 무너지기 때문이다. 그나마 명맥을 유지하는 우리 농촌의 생태 축이 우리나라를 떠받치는 기둥이기 때문이다. -〈한국농어민신문〉, 2012년 4월

가뭄 극복에는 도시 · 농촌이 따로 없다

잔뜩 흐린 날, 해거름에 물 호스를 연결해서 들깨 모종을 옮겼지만, 다음 날 다 말라죽었다. 발걸음마다 먼지만 풀풀 날린다. 콩도 그렇고, 고추랑 채소 잎사귀도 하얗게 말라 바스라진다.

하루 세 번이나 논에 물을 보러 다니던 동네 아저씨는 오늘부터 밤샘에 들어간다고 한다. 물꼬에 손대는 놈 있으면 가만두지 않겠다며 충혈된 눈을 비빈다. 아주 심각하다. 이미 이웃 간의 물싸움도 시작되고 있다. 윗집에서 냇물을 끌어올려 축사에 물을 뿌리자 아랫집 논 주인이 올라와서 냇물을 함부로 끌어간다고 삿대질을 한다. 논에 댈 물도 없는데 축사에 물을 뿌려 댄다고. 축사 주인도 가만있지는 않는다. 논으로 들어가는 물도랑하고는 무관하다고. 논농사가 중요하다면 자신의 가축농사도 중요하다고.

곧 추수가 시작될 양파는 자라지 못해 밤송이만 하고 마늘통은 눈에 띄게 작다. 생육의 절정기에 다다른 감자도 더 이상 자라지 못하고 있다. 가뭄은 곡식이 안 자라는 것에 그치지 않는다. 무더위가 같이 오다 보니 산불이 빈번하고 병충해도 극심하다. 과수도 매한가지다. 이러다 설상가상으로 장마와 태풍이 몰려오면 올 농사는 이대로 주저앉는 게 아닌지 걱정이 태산이다.

도시민은 무관할까? 천만의 말씀이다. 가뭄으로 농산물 가격이 급등하면 바로 도시 서민들의 장바구니가 영향을 받는다. 가뭄은 농사짓는 농민만의 문제가 아니다. 가뭄이 계속될수록 날씨는 더 무더워질 것이고 그러면 냉방기 사용량도 급증하게 되어 있다. 바로 이것이다. 가뭄은 상상하기도 싫은 광범위한 정전 사태를 몰고 올 수도 있다. 도시나 농촌 할 것 없이 가뭄 극복에 나서야 할 이유다.

올 가뭄은 유별나다. 국지적인 소나기와 우박을 동반한다는 것이다. 가뭄 피해가 일어나는 동시에 물난리가 일어나는 식이다. 지구 생태계 차원에서는 끊임없이 지구 전체의 균형을 맞추고자 하기 때문에 지구 한쪽에 가뭄이 길면 다른 쪽에서는 홍수가 나는 법이다. 더 이상 가뭄이 일시적인 현상이 아니라는 것이다.

가뭄 극복 노력에는 두 갈래의 방향이 있을 것이다. 우선은 긴급 대응 문제다. 수리 시설을 점검하고 양수기를 다 동원해서 당장 갈라지는 논에 물을 댈 수 있어야 한다. 농촌 지역 지자체만이 아니고 중·대도시의 지방정부도 나서야 한다. 양수기 보내기, 농촌 일손 돕기를 시혜 차원이 아니라 도시민의 식량 창고를 지킨다는 생각으로 해야 할 것이다. 당장 수돗물 한 방울도 아껴야 논과 밭으로 흘러갈 물이 더 생겨난다는 것을 잊지 말아야 한다. 대대적인 절수 운동으로 물의 소중함을 깨닫는 기회가 된다면 이 또한 큰 소득이 될 수 있을 것이며, 두 번째 대응책으로 이어질 수 있다.

두 번째 가뭄 대책은 중·장기적인 기후변화 대응책이다. 가뭄이나 폭우, 한파와 혹서는 이제 일상이 되었다고 봐야 한다. 유럽에는 기후변화 대응식품(탈석유 자연재배 농산물), 기후변화 대응에너지 시스템(태양광과 풍력, 바이오매스 등), 기후변화 대응도시 등 '기후변화 대응'이라는 말이 즐비하다.

평년 강수량의 37%밖에 안 되는 지금의 가뭄도 지구 차원의 기후변화 산물이라는 게 정설이다. 따라서 기후변화를 촉진하는 모든 개발 성장 정책, 석유화학농법, 에너지 시설 등을 과감히 줄이거나 없애 가지 않고서는 모든 대책은 언 발에 오줌 누는 꼴이 될 것이다.

논과 밭이 쩍쩍 갈라지는데 4대 강의 물은 철철 넘치는 현실을 보라. 물은 많지만 아무짝에도 쓸 수 없고 수위가 높아 물을 가두는 데 30조 원을 퍼붓는 토목공사가 기후변화를 촉진시켰다고 보면 된다. 저수지에 물이 차 본 적이 없는데도 농어촌공사가 저수지 둑을 더 높인다고 자행한 자연 파괴 역시 기후변화를 촉진한 게 아닌지 돌아봐야 한다. 기후와 계절에 무관하게 안정적으로 농산물을 공급하겠다고 시도하는 빌딩농업 역시 기후변화의 악역을 맡게 될 게 뻔하다. 중·장기적인 기후변화 대응책이야말로 진정한 가뭄 극복의 길이 될 것이다. -〈한국농어민신문〉, 2012년 6월

협동조합기본법, 우리의 과제

협동조합개별법에 이어 기본법 시대가 열린다. 민간은 물론이고 학계와 행정부까지 협동조합 시대의 새로운 시작을 앞두고 많이들 분주하다. 여느 포럼이나 연수 때에도 이 주제가 빠지지 않는다. 농촌에 다양한 서비스와 공공의 일자리가 협동조합이라는 이름으로 만들어져 나갈 것이다.

아직까지 협동조합 운동의 취지나 방향, 운영에 대해서 많은 이야기들이 오가지만 논의의 충돌 지점은 거의 없다. 목적이나 역사적 의의에 대해서도 별 이론이 없다. 그래서 자본주의 시장경제의 대안인 것만이 아니라 좌도, 우도 없는 새로운 경제 영역이라는 주장이 설득력을 얻는다.

그러나 기본법 시대의 협동조합 운동이 사회적 일자리나 사회적 기업 운동의 폐해와 한계를 어떻게 넘어서야 할지 신중해야 할 것이다. 그동안 사회적 일자리 제도를 이용해 주변의 아는 사람들을 끌어모아 선심 쓰듯 일자리를 나눠 주는 사례가 많았다. 일자리 하나 더 따내기 위해 별의별 짓을 다하는 경우도 있었다. 일의 사회성도 없고 내부 의사결정 체계의 민주성도 담보되지 않은 채 이제 다섯 명만 모이면 정부 지원을 받아 낼 수단으로 협동조합이 전락되지 말라는 법이 없다.

제3자의 통장을 만들어 사회적 일자리 월급을 편법으로 돌려 빼서 기관의 운영비로 쓰면서도 '민중들의 돈은 민중들이 쓰면 된다.'고 강변하는 부정도 없지 않았듯이, 사회성이 전혀 없는 노동에 동원하면서 행정 서류만 짜 맞추는 사례들이 협동조합 운동에서 비일비재하게 나타난다면 협동조합은 비리의 온상이 될 소지도 있다. 미래의 자립 구상마저 불투명한 채 정부 지원에 의존하다 보면 해당 단체는 자립성과 주체성을 잃고 몰락할 수도 있다. 편법으로 연명하는 것도 한계가 있기 때문이다. 극단적으로 말해서, 조합원은 소비자로 전락하고 임원이나 운영진의 탁월한 경영 능력에만 의지하여 시장경제와 경쟁하는 협동조합이 나타난다면 이 또한 낭패다. 이에 몇 가지 우리의 과제를 더듬어 볼 수 있다.

우선, 주민 민주주의의 경험과 역량을 쌓아 가는 일에 공을 들여야 할 것이다. 우리 농촌의 주민 민주주의의 수준은 매우 낮은 상태로 보인다. 다툼과 대립은 있어도 토론이 없다. 토론 문화에 익숙하지도 않다. 뒷담화로 여론이 형성되고, 그것으로 의사결정이 되는 경우가 많다. 관직에 있는 사람을 과도하게 높이 보고, 백성들을 하찮게 여기는 풍토도 민주주의에 역행하는 것이다. 관료와 기업인을 욕하면서 권세와 풍요를 한없이 추구하는 인지 부조화 현상도 농촌에 만연해 있다. 민주주의의 핵심은 공동체의 이익과 이익의 안전한 보장책이라는 인식에 다다라야 할 것이다. 그래서 양보와 기다림이 존중되고 집단의 미덕이 되어야 한다. 속도보다 방향에 주목할 일이다.

다음으로는 우리의 전통 속에서 협동과 우애, 헌신의 기풍을 복원하는 일이다. 협동조합은 어떻게 보면 좀 야박한 측면이 있다. 서구적 발상 흔적이 역력하다. 노동과 출자, 의결권과 사회공익성 등등을 자로 재고 저울에 단 듯이 구분 짓고 조직한다. 협동조합 운동보다 훨씬 차원 높은 헌신과 배려, 동정의 생활을 우리 선조들은 두레나 향약 등에서 본을 보였다. 체구가 작거나 심지어 불구자의 하루 노동도 등가로 매겼으며, 일 잘하는 젊은 사람은 노인들의 칭찬 한마디로 흔쾌히 자신의 노동을 집단에 바쳤다. 신시와 마차레, 화백회의 등과 더불어 요즘 유행하는 프라우트 경제나 지역화폐 운동의 원조 격이라 할 수 있다. 다시 말해서 서구에서 수입된 협동조합 운동을 토착화하는 노력이 필요하다는 것이다. 농촌사회 구석구석에 남아 있는 선조들의 공동체경제 흔적들을 잘 뒤져 볼 필요가 있다.

마지막으로 권력을 만들지 않아야 할 것이다. 그러기 위해서 정보는 철저히 공유하고 일은 나누어야 할 것이다. 역할의 배분에 실패하면 일 잘하고 판단이 빠른 사람 중심으로 권력이 형성되게 된다. 이때의 권력은 전통적 권력이 아니다. 협동조합 운동을 하는 사람들은 이미 전통적 권력을 경계하며 극복해 나갈 힘을 갖추었다고 본다.

공동체 운동이나 협동조합 운동에서 조성되는 권력은 색다른 것이다. 일을 주도하고 새로운 기획을 한 발 앞서 제출하다 보니 정보도 쌓이고 결정권도 쌓이고 사람도 쌓이게 된다. 협동조합 운동에서 매우 경계할 일이다. 1인 1표라는 협동조합의 민주주의가 제대로 실현되기 위해 표의 등가성에는 정보의 공유, 판단 근거의 공유, 학습 기회의 공유 등이 뒤따라야 할 것이다.

-〈한국농어민신문〉, 2012년 7월

협동조합기본법은 도깨비방망이인가?

유엔이 2012년을 협동조합의 해로 정한 뒤, 그간 협동조합 얘기가 참 무성했다. 시민단체나 부문·이익단체는 물론이고 언론이나 지자체, 중앙정부에서도 협동조합을 주제로 하는 토론이나 보도를 많이 해 왔다.

협동조합 얘기의 기폭제가 된 것은 유엔의 협동조합의 해 지정과 맞물려 2011년 말에 우리나라 국회에서 제정된 협동조합기본법이라 할 것이다. 사실 2010년 10월에 '한국협동조합연구소'에서 처음으로 협동조합기본법 제정에 대한 연구 보고서를 국회 사무처에 제출할 때도 그랬지만, 31개 단체들이 모여 '협동조합기본법 제정 연대회의'를 만들 때도 이렇게 빨리 법이 만들어질 줄은 몰랐다.

정치권에서는 민주당의 손학규 의원, 민주노동당의 이정희 의원, 한나라당의 김성식 의원의 노력이 컸고, 기획재정부와 청와대 민정수석실까지 협동조합의 역할과 필요에 공감하여 의원입법으로 발의된 각각의 법안들을 협의·조정해 낸 공도 크다 하겠다. 덕분에 2011년을 단 사흘 앞둔 12월 29일에 국회 본회의를 통과할 수 있었다.

그러나 신속한 협동조합기본법 제정에 그늘이 있다. 어떤 언론도 보도조차 안 할 정도로 관심과 열의가 낮았던 게 사실이다. 그 흔한 법제처의 검토 기간도 없었고 관례상 거치는 숙려 기간도 없이, 단 한 표의 반대나 기권도 없이 국회의원 전원 만장일치로 통과되었던 것이다. 배부른 소리라고 할지 모르지만 이것이 이 법의 그늘이라는 것이다.

기본법은 물론 시행령까지 만들어진 지금, 이 법안에 대한 우리 농민들의 관심은 두 가지로 모아진다. 첫째는 협동조합에 대한 정확한 이해와 농촌 지역에서의 필요를 올바로 조직해 내는 일이고, 둘째는 농촌에서의 협동조합 활동의 구체적인 과제 설정과 그 추진에 대한 방안을 마련하는 것이라 하겠다.

협동조합기본법은 농민에게 하늘에서 뚝 떨어진 호박 넝쿨과도 같다고 생각된다. 이 법안이 준비되고 발의될 때 단 한 번도 농민 대중들이 나선 적이 없다. 농촌에서 협동 조직의 필요에 대한 절박함이 대중적으로 공론화된 적이 없었다는 얘기다. 협동조합 본래 정신에서 멀리 이탈한 농협의 돈벌이 행태에 분개는 했지만, 이를 발판으로 농민 스스로가 올바른 협동 조직으로 나아가고자 하는 시도는 미약했던 게 사실이다.

그렇게 된 원인 역시 두 가지로 판단된다. 요구 투쟁과 저항으로 이루어진 우리 농민운동의 오랜 전통에서 비롯된 측면이 첫째다. 이런 농민 투쟁 역시 이중적이었다. 중앙 단위에서는 수입 농산물 농정을 놓고 격렬하게 대립하면서도 지역의 농협 매장에서는 수입 농산물이 넘쳐나는 문제에 문제 제기나 저항이 없었다. 한·미 에프티에이(FTA)를 반대한다면서도 사료나 농자재가 초국적 자본에 종속되는 우리의 축산과 농법에 대해서는 문제 인식이 없다. 촌구석 농협조합장의 연봉이 7~8천만 원을 웃돌고 농협 임직원들이 연말마다 돈 잔치를 해도 무심할 정도로 지역 단위에서의 농민운동이 지리멸렬한 상태에서는 농민 자주적인 협동 운동이 일어날 동력이 없다.

둘째 원인은 농촌 지역에 새로이 진입한 생태환경농업 활동가들이 아직은 지역 세력화하지 못하고 있다는 점을 들 수 있을 것이다. 폭발적으로 증가하고 있는 귀농·귀촌인들의 상당수는 주목할 만한 삶의 이력과 지향을 품고 있다. 조만간 이들에 의해 농촌이 재조직될 수 있다는 기대와 전망이 나오고 있지만, 아직은 농업 의제나 지역 과제를 조직화하여 공공의 논의로 부상시키지는 못하고 있는 것으로 보인다.

그렇다면 과제는 명확하다. 협동조합이라는 것이 우리 농촌에 왜 필요한가? 농촌에서 협동조합적 활동이 요구되는 것이 뭐가 있을까? 그리고 협동조합의 정신이 뭔가? 이런 부분에서 제대로 된 논의가 있어야 할 것이다. 협동조합이 모든 것을 해결하는 도깨비방망이로 이해되어서는 안 되기 때문이다.

협동조합의 필요를 조직하자

농촌 지역에서 협동조합 조직을 만들기 위해서는 협동조합의 할 일을 정하기에 앞서서 협동조합의 필요에 대한 철저한 인식이 우선되어야 한다. 스스로 절실하게 원해서 자신의 힘으로 일구어 낸 성과물이 아닐 때 그것에 대한 소중함과 수호 의지는 박약할 수밖에 없기 때문이다.

협동조합에 대한 강연이나 토론회 정도로는 부족할 것이다. 농촌 지역 협동조합을 고민하고 연구하는 작은 모임을 만들어서 깊이 있는 논의를 통해 단단한 토대를 마련하는 것이 중요하리라 본다. 농협과는 어떻게 다른 협동조합이 될 것인지, 기존의 영농조합과 협동조합기본법상의 협동조합은 또 어떤 차이가 있는지에 대해 깊이 있는 이해가 필요하다. 상법상의 '회사'와 민법상의 '비영리법인'의 차이도 정확히 이해할 필요가 있다. 세법이나 공정거래법등이 전혀 다르게 적용되기 때문이다. 주무관청도 다르다.

협동조합은 조합을 구성하는 조합원의 복리 증진과 상호부조, 권익 향상을 첫 출발점으로 삼아야 한다. 다시 말해서 조합원들이 생활상의 이해를 같이해야 한다. 생활이 같은 것과 이념과 뜻이 같은 것은 상당한 편차가 있다. 생활상의 이해 일치가 단단한 결속을 보장한다. 아무리 뜻이 높고 이념이 같다고 해도 사소한 감정과 활동 방식을 놓고 갈라지는 경우가 많다.

아울러 법인격에 대한 이해가 필요하다. 상법상 회사는 영리가 목적이며, 투자자의 권리가 우선적으로 보장된다. 그러나 민법상의 사단법인은 공익 우선이지만, 협동조합법상의 협동조합은 조합원 권익과 지역사회 공헌이 목적이다. 따라서 공익성 영리활동이 보장된다.

필자는 1992년경에 협동조합에 관심을 가지고 실제 협동조합 기업을 만드는 데 참여했고, 당시에 경전처럼 여겨졌던 『몬드라곤에서 배우자』(김성오 번역)를 가지고 집단 토론까지 한 적이 있다. 독일의 공장위원회나 유고의 노동자자주관리기업에 대해서도 같이 토론했지만 대리석 욕조를 만드는 협동조합 기업은 결국 무너졌던 경험이 있다.

기본법에서는 생산자(소비자)협동조합, 노동자협동조합, 소비자협동조합, 사회적협동조합 유형이 다 가능하다고 되어 있다. 농협법이나 영농조합과는 달리 비농업인 지역 주민과 타 지역 주민도 참여가 가능하다. 개인뿐 아니라 법인도 참여할 수 있다. 물론 협동조합 간의 협동도 가능하게 되어 있다. 이 부분에서 주목할 것이 있다. 귀농·귀촌 인력과 도시민과의 협력 체계를 짜는 데 협동조합 기본법에 의한 협동조합은 매우 탄력적이고 유연한 조직이라는 점이다.

그래도 우리가 가장 관심을 갖게 되는 분야는 사회적협동조합이 될 것이다. 일반 협동조합과 달리 기획재정부 장관의 인가를 받아야 하는 사회적협동조합 중 농촌과 관련이 높은 것은 '지역사회 재생, 지역경제 활성화, 지역 주민들의 권익과 복리 증진, 그리고 기타 지역사회가 당면한 문제 해결'이 아닐까 한다.

농촌 지역은 전체가 낙후되어 있고 중산간지 이상의 모든 삶(활동)이 지역사회의 재생 또는 지역경제 활성화와 연결되기 때문에 사회적협동조합으로 인가받을 여지가 크다. 우리의 농촌은 지역사회 재생과 지역경제 활성화라는 문제에 봉착해 있다. 이러한 상황의 원인은 오랫동안 농업의 쇠퇴, 국가 농정의 농업 박대, 농민들의 의존적 태도, 탈농에 의한 농촌인구 과소화와 노령화, 농촌 지역 고급 인력의 유출 등 한두 가지가 아니다.

따라서 농촌에서의 협동조합 접근은, ① 활동 목표와 전망에 대해 주민들 간의 적절한 합의, ② 실행력의 확보, ③ 지자체 등과 협력적 거버넌스 체제 구축, ④ 조례 등 법제의 정비, ⑤ 농촌 지역 협동조합이 생산하는 재화와 서비스를 수용할 수 있는 민간(시장) 영역의 존재 등이 고려되어야 할 것이다. 농촌 지역 협동조합 설립의 분야를 나누어 보자면, 농산물의 가공이나 유통 분야가 우선일 것이고, 그 다음은 새롭게 주목받는 농촌의 자연환경과 전통문화, 공동체 전통 등을 일컫는 어메니티 자원을 활용하는 분야가 있을 것이다. 마지막으로 농촌 복지나 사회 서비스 분야다.

농민들이 이해를 같이하는 일상생활에서 출발

그렇다면 좋은 대의와 명분이 확인된 다음에는 어디서부터 출발할 것인가. 농업협동조합을 필두로 중소기업협동조합이나 신용협동조합, 소비자협동조합 등 협동조합특별법에 근거한 8개의 협동조합이 있었지만, 사각지대로 남을 수밖에 없었던 분야에 대해 이번 협동조합기본법의 시행으로 접근이 가능하다고 전망하고 있다.

바로 소소한 생활 영역이다. 상법에 의한 시장 영역이 감당할 수 없는 배려와 헌신과 양보로 결합되는 생활의 영역이 먼저 시도되는 것이 좋다고 본다. 당사자끼리 뭉치자는 것이다. 이를 무시하거나 가볍게 보고 "협동조합을 하면 영농조합이나 농업회사법인과 달리 어떤 지원이 있는가?"라는 관심부터 갖는다면, 농협이나 수협, 새마을금고 등과 같이 정부의 지원과 함께 통제와 관치화의 길을 갈 수밖에 없을 것이다.

아이를 키우고 있는 가정에서는 교육협동조합을 만들 수 있을 것이다. 농촌 지역의 교육은 모두가 고민하는 바다. 초등학교 고학년만 되면 중학교 진학을 염두에 두고 전학을 고민한다. 중학교, 고등학교도 마찬가지다. 상급 학교 진학이 학교 가는 유일한 목표처럼 되어 있다. 대안학교들을 협동조합 형태로 만들 수 있을 것이다.

열풍이 불고 있는 귀농·귀촌 분야도 협동조합 설립이 가능하다. 지역마다 거의 다 있는 지역귀농인협의회 등이 지역에서 활동을 원활하게 하기 위해서는 대부분 공익법인 설립과 운영에 관한 법이나 비영리민간단체 지원법에 기초해서 설립 신고를 하고 있다. 이 역시 협동조합기본법상의 협동조합으로 될 수 있다.

지역 주민들의 건강을 위한 협동조합은 이미 의료복지사회적협동조합(연합회)으로 만들어져 있으나 법적 근거는 소비자생활협동법에 기초하고 있다. 설립 요건과 절차가 아주 간소해진 협동조합기본법에 따라 건강 관련 협동조합도 농촌에서 만들 수 있을 것이다.

읍, 면 단위마다 있는 보건소가 농민들의 건강 관련 협동조합과 결합될 수 있을 것이다. 협동조합은 그 출발이 원래 공공 행정 영역과 시장의 사적 영역이 다가갈 수 없는 공백 지역을 지역민 스스로 메우는 역할을 하는 것이기 때문에 민관 협력의 여지가 크다. 보건소와 연계된 지역 단위 건강보건협동조합은 재가의료, 방문의료라는 대안적 의료체제로 나아가는 길을 열 수 있겠다.

농촌의 노인복지 관련 협동조합도 건강보험공단이나 자활센터 등과 연계된다. 노인장기요양보험법상의 재가요양 분야에서 노인 복지 관련 협동조합의 활약이 가능하리라고 본다. 노인요양병원이나 전문노인요양시설 중심의 노인복지가 재가요양 중심으로 이동하게 하는 것이 우리 정부의 기본 방향이기도 하다.

이외에도 방과후학교나 지역아동센터 등도 좋은 협동조합 활동의 대상이 된다. 시골 아이들이 방과 후에도 농촌의 좋은 환경조건 속에서 맘껏 뛰어놀고 뭔가를 도모할 수 있게 하는 다양한 접근이 가능할 것이다. 요즘 유행하는 농·산촌 유학과도 결합하여 시골의 방과후학교가 활력을 찾을 수 있을 것이다.

이런 분야의 활동은 협동조합이 점점 조합원의 이해와 상호부조에서 지역사회 공헌으로 나아가며, 군청이나 면사무소의 연계 과정은 기존 행정 서비스의 취약 부위를 보완하는 기능을 수행하게 될 것이다. 이 같은 공적 영역에서의 민간과 지방정부의 공동 행정관리는 오래전부터 거버넌스(governance)라는 이름으로 이미 정착되어 가고 있는 현상이다.

사회적협동조합의 설립

이 외에도 생각을 모아 보면 여러 분야가 보인다. 주거 부분의 협동조합은 시골집들의 열악한 난방시설과 단열의 취약함에 주목하여 활동할 수 있다. 주로 시·군이 중심이 되어 자활센터가 시행하는 농가주택 개량 사업이나 주거 취약자 지원 사업을 주거협동조합이 맡을 수 있을 것이다.

대개 해당 시·군의 자활센터나 외지의 건설업체가 와서 공사를 하는데, 그 지역의 시골집 고치기 협동조합이 생긴다면 시골의 수많은 빈집들을 수리하여 다양한 체험장으로 활용하는 문제를 지방정부와 의논해도 좋을 것이다.

결혼 이주민 여성들이 떠오른다. 자녀들까지 대상으로 하는 사회적 약자들의 쉼터나 돌봄시설, 장애인 등 취약 계층의 일자리 만들기 협동조합은 또 어떤가? 농촌의 에너지 분야도 주목할 만하다. 농사용 에너지와 생활 에너지로 구분되겠는데, 농촌 마을의 에너지 해결은 이미 몇몇 사례가 나오고 있으나 협동조합 형태를 갖추지는 못하고 있다.

이런 성격의 협동조합은 협동조합기본법에서 규정하는 사회적협동조합에 해당한다. 사회적협동조합을 별도로 규정하면서 설립과 운영에서 일반 협동조합과 차이를 두고 있다. 조합원 공동의 이익보다는 사회 공공의 이익에 더 복무하는 협동조합이기 때문이다.

사회적협동조합에는 어떤 사업을 할 것인가보다 더 중요한 것이 있다. 어떤 사업을 하느냐가 사회적협동조합의 기준이 되는 것이 사실이지만, 사회적 목적을 전면에 내세운다 하더라도 절대 잃지 않아야 하는 것이 협동조합의 정신이다. 그래서 사회적협동조합에서도 여전히 중요한 것은 호혜와 평등의 관계다. 사회적협동조합은 특히 활동 과정에서 내부에 권력이 형성될 수 있다. 매우 경계해야 할 지점이다. 역할을 고루 나누고 느리더라도 합의 정신을 잘 지켜나가는 것이 필요하겠다.

다중의 상상력과 창의력, 열정 어린 활동력이 활활 타올라야 협동조합이 산다. 어쩌면 그거 하나 믿고 자본의 힘, 시장의 수렁에서 탈출을 시도하는 것이 아니겠는가. 권력의 집중은 역할의 집중에서 비롯된다. 역할이 없는 조합원은 소외되기 십상이다.

무엇을 할 것인가를 생각하기에 앞서 누가 할 것인가, 어떻게 할 것인가를 먼저 생각하는 정신이 필요하다. 목표 중심의 활동에서 의사 결집의 과정을 더 중시하는 활동이 요구된다.

경영 능력이라는 또 다른 어려움이 생길 수 있다. 이른바 실패하는 협동조합이 60~70% 나올 것이라는 전망도 있다. 대부분 경영 문제일 것이다. 시장 논리의 유혹이 바로 이때에 다가온다. 규모화, 합리화, 효율화라는 문제가 닥치는 순간은 협동의 정신을 놓치게 되는 순간이기도 하다.

협동조합을 준비하고 추진하는 과정에서부터 철저히 협동조합적인 절차와 방법으로 해야 할 것이다. 하루아침에 될 문제는 아니다. 앞으로 수십 년 곡절을 겪으면서 우리 농촌에 새로운 경제활동의 전형을 만들어 나가야 할 것으로 보인다. 협동조합은 자본주의를 대체하는 새로운 경제체제라고 보는 게 다수의 견해다. 환경과 자원과 인문사회 차원에서 더 이상 지금의 자본주의 방식은 희망이 없다고 전망한다. 그러니 그 과정이 간단할 수 없다. 구체제가 새 체제로 대체되는 과정은 결코 간단할 수 없다. 그래서 이런 협동조합이 있어도 좋겠다는 생각을 해 본다. 가칭 '농촌 지역 협동조합연구교육원'이다. 농촌 지역에서 만들어 가는 협동조합의 형태와 운영, 조직 원리 등을 연구할 뿐 아니라 당사자들을 집중 교육하는 전문기관이 꼭 필요할 듯하다.

- 〈귀농통문〉, 2012년 겨울호

지역을 살리는 지역민주주의

마을 살리기 또는 지역 살리기라는 이름의 지역 운동이 활발하다. 지역이 살아야 한다고 강조하는 것은 그래야 지역 전체로서의 나라가 잘살 수 있다는 믿음 때문이다. 요즘은 용어도 '지방'이라 하지 않고 '지역'이라 한다. 지방이라고 하면 대칭 관계의 중앙을 떠올릴 뿐 아니라 서울을 중심으로 하는 수도권의 우월적 관계를 암시하기 때문이다. 지역이라고 하면 당연히 서울 지역도 하나의 지역이 된다.

사람들이 떠나 텅텅 비어 문제가 된 농촌 지역과 마찬가지로 사람들이 너무 몰려 있는 관계로 문제가 많은 서울 지역을 비롯한 수도권 지역을 살리기 위한 처방도 분분하다. 이 둘은 연계되어 있다. 좁은 경제 문제로만 보면 서로 대립될 수 있으나 삶의 질 전반으로 넓혀서 보면 분리되어 있지 않다.

지역 살리기의 핵심은 지역 농산물 운동이 아닐까 한다. 그 지역의 먹을거리는 최대한 그 지역에서 생산하자는 운동이다. 서울과 수도권이라고 해서 예외가 아니다. 정도의 차이는 있겠지만 모든 지역에 해당되는 과제로 이해할 필요가 있다. 이는 '지역 농산물 학교급식'이나 '음식 이동 거리'라는 개념으로 꽤 알려진 운동이다. 이것은 자연의 순환성을 살리고 지역 내 소통을 촉진할뿐더러 지역 간 균형 발전도 담보한다. 이렇게 보면 원거리 택배 위주의 제철꾸러미 농산물도 새로운 시선으로 바라보게 된다. 전국을 대상으로 택배 배송하는 것이 문제가 된다.

최근에는 지역 농산물 운동 외에 지역민주주의를 지역 살리기의 중요 과제로 보게 되었다. 특히 농촌 지역에서는 더욱더 그렇다. 장수군에서 '더클'이라는 폐기물 공장 설립을 막는 주민대책위 정책기획 일을 하면서 직면하게 된 군수의 태도와 주민 주권 문제는 늘 충돌을 일으켰다. 시위와 집회는 물론 천막 농성과 서명을 하느라 수천만 원의 주머닛돈을 써 가며 끝내 군청의 사업 불허 결정을 이끌어 냈지만, 군수는 대책위 대표들에게 더클 공장보다 대책위 대표가 하는 축산이 더 환경에 해롭다느니, 길거리 현수막과 군청 앞 천막 농성 때문에 외부 손님들에게 창피했다느니 하는 망언을 했다. 군수와의 면담 자리에서 대책위원은 유인물 반입도 저지당하고 카메라도 빼앗겼다.

'더클'의 제소로 전라북도청에서 장수군을 피고로 한 행정심판이 진행됐지만, 군청은 대책위 측에 관련 서류를 전혀 보여주지 않아 대책위 주민들이 다시 880만 원이라는 거금을 모아 변호사를 선임하는 일까지 있었다. 행정심판에서 이긴 주민들이 자축 현수막을 걸자 군청에서는 그걸 걷어 내라고 요구하기까지 했다. 행정심판에서 진 '더클'이 행정소송을 제기하자 군청은 어이없게도 주민대책위에 변호사를 선임할 거냐면서 이왕이면 환경 전문 변호사를 선임하라고 요청해 왔다. 장수군청이 피고인인 소송에서 주민이 또 변호사까지 대라는 것이었다.

최근 핵발전소 유치 문제로 야기된 강원도 삼척시장 주민소환 서명 과정에서도 드러났지만 지역민주주의는 매우 취약한 상태다. 이렇게 된 데는 간단치 않은 구조적인 문제가 있다.

지역 언론이 활성화되는 것이 하나의 해법이 될 수 있다. 현재 도청 소재지에 있는 지역신문들은 거의 지자체 홍보성 기사만 내보낸다. 지자체장의 나팔수 같다. 지자체의 광고가 지역신문의 주 수입원이기 때문이다. 그래서 지역민의 건강한 여론을 형성하는 마을신문, 지역신문이 아쉽기만 하다. 신문이 아니더라도 지역 공론의 장이 주민 주도로 만들어지는 게 시급하다.

주민의 주권 의식과 민주주의 역량 강화도 과제다. 군수를 축으로 형성되는 먹이사슬과 줄서기는 지역민주주의의 심각한 저해 요소다. 인사권과 예산권을 쥔 군수는 군 의원까지 쥐고 흔든다. 대부분의 농민 관련 단체들도 군청의 예산 배분에 눈치를 보지 않을 수 없는 실정이다. 지자체에 관변 단체가 우글거리게 되는 원리다. 기

초자치단체 구성이 동 단위와 면 단위까지 되지 못하고 시·군으로
되어 있는 것도 문제다. 오죽하면 동네 마을이장도 주민 스스로 뽑
지 못하는 게 제도적 현실이지 않은가. 절차적으로는 군수가 임명
하는 면장에게 이장 임면권이 있다. 선후배와 친인척으로 얽혀 있
는 지역민과 군수의 관계도 민주주의 실현을 더디게 하는 요소가
된다. 주민들이 원 주권자로서의 의식을 드높이고 민주주의 훈련의
다양한 공간을 확보할 필요가 있겠다.

-〈한국농어민신문〉, 2012년 8월

농어촌마을 리모델링을 생각한다

얼마 전 충남발전연구원에서 주최한 농어촌 빈집 등 지역 자산 활용 워크숍에 토론자로 다녀왔다. 이 자리에서 한나라당이 입법 추진 중인 '농어촌마을 리모델링 촉진을 위한 특별법'에 대해 농식품부의 김운기 선생이 발제를 했는데 매우 인상적이었다. 뒤늦은 감이 있지만 아주 반가운 법안으로 보였다.

우리의 농촌 마을 주거 환경은 매우 열악하다. 달라진 농촌인구의 구성과 문화 풍토에 비추어 볼 때 현재의 주거 상태는 개선되어야 할 점이 많다. 노후 불량 주택이 많은데, 특히 에너지 효율 면에서 그렇다. 삶의 가치관 변화와 주거 조건도 맞지 않는 실정이다. 도시민의 귀농·귀촌이 사회적 관심사가 되어 있고 농촌 지자체마다 도시민 유치에 공을 들이고 있는 마당에 사람이 살 집과 마을이 먼저 재단장되어야 하는 것은 당연한 요청이다.

법안이 대단히 섬세하게 구성되어 있는 이 특별법이 고려해야 할 사항이 몇 가지 있다. 우선 시골 빈집에 대한 새로운 인식이 필요하다. 현재는 환경부 지원으로 빈집 철거가 진행 중인데, 이는 슬레이트 지붕의 유해성과 미관 문제 때문이다. 철거 중심이다 보니 정작 슬레이트 지붕 밑에서 살고 있는 주민에 대한 고려가 없다. 200만 원 한도에서 100평방미터 이내 면적만 철거비를 지원하고 지붕을 새로 이어서 살아야 하는 사람에 대한 배려가 없다는 것이다. 철거 비보다 지붕을 새로 이는 비용이 더 크니 그냥 슬레이트 지붕 밑에서 살려고 한다. 당장 비도 새지 않는 지붕을 환경문제 때문에 뜯어 내고 큰 비용 들여 새로 하려는 주민은 없다. 이런 정책은 시골집을 철거의 대상으로 보는 데서 비롯된다고 하겠다.

시골 전통 농가의 가치를 소중히 여기고 계속 살려는 사람에 대해서도 주목할 필요가 있겠다. 시골 빈집이 갖고 있는 전통성과 자연생태 측면은 간과하기 쉬운데, 이를 고려해야 한다고 본다. 주변 환경은 물론 기후 풍토와 조화를 이루며 그야말로 공손하게 지어진 시골 빈집은 철거 대상으로만 보아서는 안 된다. 나날이 신제품이 나오는 석유화학 건자재들로 단열과 편리만 도모하는 집들은 기후 변화 시대를 맞아 삼가야 할 유행이다. 특별법에서 현재의 시골 빈집을 잘 살려 내야 하는 이유다. 120년 된 빈집을 고쳐 살고 있는 나의 경험이기도 하다.

이 특별법이 또 다른 이름의 토건 사업이 되는 것도 경계해야 할 것이다. 그동안 농촌에 대한 지원은 개별 농가 차원에서 농기업, 농업법인, 체험마을, 정보화마을 등을 거쳐 권역별 사업으로 바뀌고 있는데, 권역별 사업이 토건 사업으로 전락했다는 비판이 많다. 이 특별법이 아예 마을 단위로 농촌을 통째로 갈아엎는 식이 되어서는 안 될 것이다. 4대 강으로 몰렸던 토건 세력이 이제 낙후되었다는 명분으로 시골마을을 파헤치는 일은 막아야 한다.

무슨 말인고 하니, 농촌 지역에 유행처럼 진행되는 뉴타운 사업이 이 특별법에 기대어 확장되지 않을까 우려하는 것이다. 멀쩡한 산을 깎아 내서 도시형 주택들을 짓는 뉴타운 사업은 이질적인 도시 문화를 이식하는 꼴이다. 특별법이 이렇게 되지 않기를 기대한다.

마지막으로 이 특별법 38조에서 규정하는 농어촌주거환경지원센터의 구성과 운영에 토건 세력과 토호 세력의 발호를 막기 위해 문화, 환경, 도시 전문가뿐 아니라 시민단체의 참여가 보장되었으면 한다. 여러 국책사업이 눈먼 돈 떼어먹기 판이 되어 온 게 사실이다. 국토를 망치는 돈 잔치를 혈세로 하는 일은 없어야 할 것이다. 필자가 최근에 살펴본 어느 지역의 권역별 사업은, 멀쩡한 자연공원을 10억여 원이나 들여 시멘트로 개울 바닥까지 밀봉해서 생명체가 모두 사라져 버렸고, 시설물은 이용자가 없어 자물쇠를 채워 두고 있었다.

살기 좋은 농촌의 조건에 주거 환경이 중요하다. '살기 좋은' 기준에 편리와 효율만이 아니라 불편과 느림이라는 새로운 인식으로 접근하여 특별법에 반영하기를 바란다. -〈한국농어민신문〉, 2012년 9월

교육제도를 통한 농업 살리기

오래전, 쿠바 초등학교의 교육 실태를 보고 부러웠던 적이 있다. 정규 수업시간에 놀이와 연극을 통해 몸 관리, 식생활, 응급처치, 약재 식별 등에 대해 배우고 있었는데, 아이들은 시종 진지하면서도 즐거워했다. 단순한 이론 수업이 아니라 상황을 만들고 이를 연극으로 배역을 정해서 하는 체험 수업이었다.

산에 오르다 한 아이가 자빠져서 무릎을 다쳤다. 피가 나자 아이들이 비명을 지른다. 한 아이와 선생님이 주변에서 약초를 찾는다. 응급처치는 병원과 약에만 의지하지 않고 생활의 지혜로 깨끗한 주변 자연에서 찾을 수 있다는 가르침까지 담고 있는 건강보건 수업이며 자연생태 수업이었다.

의료자본에 종속되지 않은 쿠바의 보건·의료 정책은 전 세계의 부러움을 사고 있다. 건강의 출발점을 첨단 의료 시설에서 찾지 않고 건강한 먹을거리에서 찾기 때문이다. 쿠바 의료진들이 미국까지 원정을 가서 대형 경기장에서 의료보험 혜택을 받지 못하는 미국인들을 치료하는 자원봉사 활동은 미국의 자존심을 여지없이 구겨 놓

있는데, 이 모든 것은 교육제도에 의한 성과라고 할 수 있다.

며칠 전에 있었던 일이다. 부산대학교에서 졸저 『아름다운 후퇴』 북콘서트가 있어 갔는데, 행사를 주최한 단체 중 하나가 '풀내음'이라는 학생 동아리였다. 풀내음은 우리 농업 지킴이를 자처하고 있었다. 1년에 3~4회나 농촌 봉사 활동을 다니고 있었고, 참여하는 학생들은 1학년부터 4학년까지며, 전공도 다들 달랐다.

행사의 대담자 일원으로 나온 풀내음 대표 김한슬 학생은 저자에게 농촌과 농민들에게 효과적으로 다가갈 수 있는 방법을 물어 왔다. 농촌을 배우고 농민들의 삶을 이해하고 싶은데, 막상 농활을 가면 하나에서 열까지 서툴러서 도리어 농사일에 장애가 되는 경우도 있더라고 호소했다.

풀내음은 1998년에 창립되어 대학 축제 때 농업 관련 학술 부스도 운영하고 각종 농업 행사나 기관에 가서 체험을 하는데도 이런 어려움이 해소되지 않고 있었다. 젊은 대학생들이 자신의 전공과 무관하게 생명 농업의 고귀함과 생태 삶에 관심을 기울이는 것은 오늘 같은 격변의 시대상황을 고려할 때 너무나 당연함에도 현실은 이와 동떨어져 있다.

대학에 필수교양과목으로 농사를 포함시켰으면 한다. 먹을거리가 최신 전자기기보다 훨씬 소중하다는 것을 몸으로 익혀야 한다. 농사의 신성함을 배우고 살아 있는 밥상이 어떻게 마련되는지를 아는 것을 모든 대학생의 필수 교양이 되게 하는 것이다.

공중파 방송에서 주요한 시간대에 농업과 먹을거리를 자주 방영한다면 이것도 효과가 있을 것이다. 요리 강습 시간의 반이라도 농사 이야기를 방영했으면 한다. 사실, 요리보다 농사가 우선이다. 요리는 혀끝의 입맛을 조작하지만 농사는 생명을 좌우하기 때문이다.

독립적인 농업 교육기관을 다양하게 설립할 수도 있을 것이다. 충남 홍성의 풀무농업고등학교 같은 경우 말이다. 몇 해 전, 귀농운동본부에서 '귀농을 꿈꾸는 청년을 위한 100일 귀농학교'를 열었다. 지역과 작목을 안배해서 10개 농가에 10일씩 머물며, 100일 동안 농부가 되는 교육 프로그램이었다. 이 같은 프로그램을 정규 농업교육기관으로 흡수해도 좋을 것이다.

초등학교부터 정규 과목으로 농사 과목을 두어서 국어나 수학, 사회나 영어 못지않게 농사를 익히고 농민의 역할을 이해하게 하면 어떨까? 학교마다 작은 텃밭을 만들고 아파트나 주택 신축 때 일정 규모 이상의 공동 텃밭 만들기를 의무화하면 주민 간의 소통과 어우러짐도 촉진되지 않을까?

대선 후보들이 농업 문제를 교육정책 차원에서도 접근할 수 있었으면 한다. 시급한 사안에는 단기적인 정책 수립도 필요하지만, 장기적인 안목에서 교육제도를 친농업 방향으로 고쳐 가는 공약도 의미가 있을 것이다. 지자체 또는 교육청 단위에서도 조례를 통해 학교의 교육과정에 농사를 포함시켜 학생들이 자기 지역에 대한 관심과 이해를 높이고 먹을거리의 소중함을 일찍부터 깨우칠 수 있게 하면 좋겠다. 농사에는 지역의 역사와 전통이 스며 있기 때문이다.

교육을 통한 농업 살리기는 농업을 전공하는 학생들의 사회 진출에 대한 배려까지 이어져야 성공할 수 있을 것이다.

- 〈한국농어민신문〉, 2012년 10월

지역농민당이 있어야 한다

서울에서 지역분권 촉진을 요구하는 광역·기초의원 결의대회가 열렸는데, 무려 3천여 명의 지역의원들이 참여했다고 한다. 참석자 중에는 농촌 지역 의원도 많았을 것이다. 이 대회의 주요 결의사항은 지역분권과 의회 인사권 독립, 기초자치 단위 정당공천제 폐지 등이었는데, 이는 우리나라 지역자치의 오랜 숙원이라 할 수 있다.

대통령 선거를 앞두고 각급 이익단체들의 요구와 주장이 빗발치는 와중에 있었던 행사라 크게 알려지지는 않았지만, 완전한 지역분권은 우리나라 지역정부가 미국의 연방제에 버금가는 자치와 독립을 획득하는 데 있어 관건이 되는 문제다. 또한 농촌과 농민의 문제를 해결하는 길이기도 하다.

당연한 얘기지만 이 자리에는 대선 후보들이 나란히 나와서 거의 다 들어주겠다는 식의 약속을 했다. 그래서 열렬한 박수도 받았다. 그러나 정작 중요한 것이 빠져 있었다. 농촌 지역에 지역당을 설립하는 문제. 지역당의 설립은 지방자치가 지나치게 중앙 정치에 예속되어 있는 것을 해결하는 의미도 있지만, 지방자치단체장의 횡

포와 부패뿐 아니라 지방의회의 무능과 무기력을 동시에 극복하는 해법이기도 하다. 여기서 말하는 지역당은 그동안 새누리당과 민주당, 선진당이 그래 왔듯이 경상도와 전라도, 충청도라는 특정 지역에 기반을 두고 지역이기주의 감정에 기대어 중앙 정치를 장악하려 하는 부정적 의미의 지역당이 아니다. 농촌 지역의 이해를 정치적으로 해결하는 농민의 주체적 정치조직이다.

이런 지역당이 가능해진다면 당연히 농촌 지역에 농민당이 설립된 것이다. 지역농민당이 만들어진다면 그동안 선거철만 끝나면 입후보자들이 모두 서울로 되돌아가는 일도 반복되지 않을 것이며, 당선된 뒤에도 늘 서울 쪽으로 관심과 시선을 고정시켜 두는 관행도 사라질 것이다. 농촌이 단순한 표밭으로 전락되는 일도 줄어들 것이다. 농민들도 선거 때는 주권자 대접을 받다가 선거 뒤에는 귀찮은 민원인으로 취급되는 일도 되풀이되지 않을 것이다.

지역농민당은 다른 지역 정당들과 연대할 수 있다. 지역농민당끼리는 상설적인 연합체를 만들 수도 있을 것이다. 농업 문제와 농민 문제가 기존 정당에서는 한 분야에 불과했지만 지역농민당에서는 농업과 농민을 중심으로 국정을 바라본다는 큰 차이가 있다.

필자가 생각하는 지역 농민당은 일종의 농민들의 정당 협동조합이다. 12월 1일부터 발효되는 협동조합기본법상의 정치조직으로 이해될 수 있다. 살아 있는 풀뿌리 정치란 이렇게 외화되어야 한다.

권력자의 언저리에서 떠나 쓰는 농민이 아니라 자신의 삶을 정치 영역에서 스스로 설계하고 개척하는 농민이어야 한다.

문제는 정당법이다. 현행 정당법에서는 서울에 중앙당이 있어야 하고 서울과 광역시·도에 걸쳐 그곳에 주소지를 둔 1천 명 이상의 당원이 5곳 이상 있어야 비로소 정당 등록이 가능하게 되어 있다. 이런 정당법 아래에서는 진정한 지역분권과 지역의회 독립은 공염불이다. 원천적으로 지역은 중앙에 종속되게 되어 있는 것이다. 이런 정당법을 그대로 둔 채 중앙당의 지역 공천제를 폐지하는 것은 지역의 토호 세력 발호라는 고질적인 문제를 더 악화시킬 것이다.

대선 후보들은 정치권과 정당을 개혁하겠다는 공약을 내놔야 한다. 자신들이 누리는 기득권을 허물겠다는 공약을 내놔야 한다는 말이다. 국민들의 비난과 혐오가 가장 집중된 분야가 정치권이라는 사실을 직시할 때 당연한 얘기다. 권위적인 중앙집권 구조와 중앙당의 독선과 독과점의 문제를 풀 공약을 내놔야 한다. 그것은 바로 지역당 설립을 가능하게 하여 농촌 지역에 농민당이 만들어질 수 있게 하는 것이다. 농민당 문제는 특정 계급의 계급정당으로 바라볼 문제가 아니다. 농민당 설립은 농촌과 농민을 살리는 차원에 머물지 않고, 전 지구적 차원의 기후변화에 따른 식량 주권 차원에서의 대응이다. 농민들이 나서서 구름 잡는 식의 대선 후보 공약을 가려내야 한다. -⟨한국농어민신문⟩, 2012년 12월

땅복지 또는 농지복지

해마다 되풀이되는 관심거리 중 하나는 새해부터 달라지는 제도들이다. 무엇보다 농민에 대한 지원과 귀농·귀촌 정책에 관심이 크지만, 해가 바뀌었다는 것을 체감하는 주요 근거가 되다 보니 나와 관계가 있건 없건 이것저것 살펴보게 된다. 올해는 곧 신임 대통령이 취임하게 돼서 그런지 내용들이 더 풍부한 듯하다.

눈길을 사로잡는 것이 있었다. 0세에서 5세까지의 양육 수당 지급 소식이다. 올해 쉰여섯인 필자의 눈길을 어떻게 하여 유아 양육 수당이 사로잡았는가? 지자체마다 경쟁적으로 올리고 있는 출산 수당이 탐나고 자녀 양육 수당이 부러워서 애라도 하나 낳겠다는 게 아니다. 왜 복지라는 게 마냥 사람복지뿐이냐는 생각에 이 기사를 자세히 봤다. 양육 수당을 반대해서가 아니다.

반값 등록금, 정년 연장, 남성 출산휴가, 청년 일자리, 노인장기요양보험 4·5등급 신설 등등이 죄다 사람복지다. 물론 이런 것들도 필요하다. 그런데 이것이 최선이냐는 것이다. 이것뿐이냐는 것이다. 5월부터 돼지를 키우는 양돈 농가에까지 확대 적용되는 축산농지인증제 등 동물복지라 불릴 만한 것이 있긴 하다. 그러나 사람 외 복지는 빈약하다. 한참 모자란다.

재작년의 구제역 참사를 겪고서야 비로소 우리나라에서도 사람 외의 '동물복지'가 공론화되었다. 당시에 필자는 한발 더 나아가 '식물복지'를 주창했었고, 그것이 졸저 『아름다운 후퇴』에 담겨 있다. 이제 '땅복지'를 말하고자 한다. 왜 땅의 복지까지 거론하는가? 주제 넘거나 여유로워서가 아니다. 여유가 없기 때문이라는 게 맞다. 땅에 대한 학대와 고문, 공격을 당장 그치지 않으면 인간복지는 밑 빠진 독에 물 붓기가 될 것이다. 인간의 불행은 땅을 떠나면서 시작되었다. 굳이 북미 원주민들의 가르침을 되새기지 않아도 된다. 땅과 멀어진 삶을 사는 현대인들은 현대문명병이라는 질환을 앓는 환자가 되었다.

사람복지의 모든 대상들을 깊이 살펴보면, 땅을 파괴하고 오염시킨 데서 문제가 비롯되고 있음을 알 수 있다. 부동산, 육아, 교육, 건강, 농업, 사람의 심성, 식품, 청소년 문제, 자연재해, 노인 문제가 땅의 소유제도나 땅의 훼손에서 비롯되지 않은 게 있는가. 땅의 복수라고 할 수 없는 게 있는가.

땅복지의 첫째는 땅을 공유하는 것이다. 소유하지 않는다는 정신으로 공유하는 것이다. 주택 공유화, 기간산업 공유화는 익숙할 것이다. 땅을 전면적으로 공유해야 한다는 주장은 공기나 물, 하늘을 사유화할 수 없는 상식과 견주어 생각하면 바로 수긍이 될 것이다.

전 세계 인민과 그 자손이 살아가야 하는 땅은 하늘이나 구름, 공기처럼 사고팔거나 개인이 가져서는 안 된다. 농업을 살리는 데도 땅의 공유화(농지 공개념)가 핵심이다. 농지의 외지인 소유, 농지전용을 엄격히 제한해야 한다. 땅의 사유화 때문에 많은 인간 불행의 그늘이 있고 복지 예산의 지출이 있다.

땅복지의 둘째는 자연재배 또는 유기재배에 대한 특단의 육성과 지원이다. 오래지 않아 기존의 화학농법에 대해서는 농지오염세가 부과되어야 하지 않을까 기대한다. 우리나라 농지의 영양지수는 심각한 수준이다. 질소와 질산염에 절어 있다고 보면 된다. 암을 필두로 온갖 질병의 원인이다.

언젠가 축산이나 사료작물 재배에 대해 그 운송은 물론 정육점까지 포함하는 육식 관련업에 환경부담금 부과를 주장했다가 비난을 받은 적이 있는데, 농지오염세를 부과할 필요가 머지않아 대두되리라 본다. 따라서 자연재배와 유기재배 농가에게 특단의 소득 보전과 가격지지 정책을 실시하는 것이 땅복지의 지름길이 될 것이다.

이미 이런 문제를 직시하고 땅복지를 위해 활동하는 시민단체들이 있다. 대구 지역에 있는 '땅과 자유'도 그 하나다. '토지정의시민연대'도 있다. 최근에는 '정의'가 사회적인 문제나 인권 차원에서만이 아니라 토지나 에너지, 음식, 식수에까지 확장되어 있다.

그러나 뭐라 해도 땅복지는 농민운동이 나서 주어야 할 것이다. 동물복지도, 식물복지도 농민운동이 나서야 실마리가 풀리듯이 땅복지 역시 마찬가지다. 농민운동이 땅을 살리는 쪽으로 가야 한다. 농민을 '땅의 사람들'이라고 부른다. 농민운동의 단기 과제에도 열성을 다해야 하겠지만, 장기 과제인 땅복지에 농민운동이 집중했으면 한다. 대통령이 누가 되느냐에 관계없이 말이다.

- 〈한국농어민신문〉, 2013년 1월

농업 문제, 농민기본소득제로 풀자

몇 해 전, 월가 점령 시위를 촉발한 동기는 소득 불균형이었다. 실업자는 넘치고 생계를 위협당하는 극빈자가 거리로 쫓겨났지만 떼돈을 버는 사람은 여전했으며, 상위 소득자의 전체 소득 점유율은 높아만 갔다. 그러나 미국과 유럽을 휩쓴 '점령하라' 시위가 한국에서는 미미했다.

그렇다면 우리나라 돈 부자들의 소득 점유율은 어떨까? 작년에는 낮아졌다고는 하지만 상위 1%의 소득 집중도가 2006년의 경우 16.6%라고 했다. 오이시디(OECD) 주요 19개국 평균 9.7%보다 훨씬 높은 수치다. 또한 농민 계층 내 소득 불균형도 심각한 수준이다. 놀라지 마시라. 〈한국농어민신문〉 '농업마당'에 실린 장상환 선생 분석에 따르면, 2010년 118만 호 농가의 상위 1.4% 농가의 소득은 전체 농업소득의 25%를 차지하는 것으로 나왔다. 확대일로의 도농 소득격차에다 농업 내 소득 격차가 이 정도라니 끔찍한 수준이다.

이는 고소득 농가 중심의 농정 때문이다. '2015년까지 매출 1억 원 이상 경영체 10만 개 육성'이라는 정책은 농업 계층 내 소득 격차를 더 키울 것이 뻔하다. 소득 불균형이 심해지면 사회가 불안정해진다. 사회복지 제도의 발달은 기실 그 뿌리가 사회 안정성을 유지하기 위한 장치였다. 그래서 복지 제도를 사회안전망이라 부르며 영세민이라는 말 대신에 기초생활수급자라 부르는 것이다.

이 시점에서 농민기본소득제에 대해 생각해 보자. 농민기본소득제란 무엇인가? 이를 또 다른 농민복지로 생각하면 오산이다. 복지 제도는 약자의 삶을 대단히 방어적·시혜적으로 접근한다. 농민이라면 누구에게나 월급처럼 매월 일정액을 지급하는 기본소득제도는 그렇지 않다. 복지 제도와는 전혀 다른 차원의 접근으로 농민들의 생활 안정성을 높이고 시장 구매력을 증대시키는 제도다. 농민의 소득 수준에 따라 수급 여부와 수급액이 달라지는 '기초생활소득보장'이 아니라 지속 가능한 영농을 위해 지급하는 '기본소득보장제'이다. 따라서 여타의 소득 수준과는 상관없이 모든 농민에게 일정액을 월급처럼 지급하는 것이다. 아직 한 번도 공론화된 바가 없으니 그 개념에 대한 이해가 쉽지는 않을 것이다.

이 개념은 '사회신용론(Social Credit)'을 제기한 영국의 학자 클리포드 더글러스에게서 처음 나왔다. 사회신용론은 현대 금융자본주의하에서 가장 진보적인 경제 이론으로, 신용의 사회화와 국민배당, 그리고 정당가격이라는 논리로 되어 있는데, 당장 우리 농민들에게 적용하기에 부족함이 없어 보인다. 이 이론은 시장가격이 고전적인 수요공급에 의해 결정되는 게 아니라 은행신용에 의해 좌지우지된 다는 사실에서 출발했다. 그리고 화폐는 상품이 아니라 분배의 수 단이 되어야 한다는 철학에 기초한다.

농민기본소득보장제를 우선 실시하자는 것은 농업의 다원적 가 치가 사회적으로 존중되어야 하기 때문이다. 중화학공업화된 화학 농업을 빼고 농민들의 농사 행위 자체는 사회 공익 행위이다. 농업 의 유지와 존속은 인간의 삶, 나아가 도시의 유지에도 절대적이다. 붕괴되어 가는 농민들의 삶에 긴급 수혈이 필요한 때다.

일본에서는 얼마 전부터 일종의 '농부월급제'를 도입했다. 올해 만 총 130억 엔(약 1,800억 원)의 예산을 투입하여 매년 1만 명 수준 인 신규 취농자 수를 2만 명 수준으로 늘리며, 예산도 점차 확대해 나갈 계획이라고 한다. 45세 미만인 사람이 귀농을 하면 웬만한 도 시 근로자 연봉과 맞먹는 연간 150만 엔(약 2,170만 원)씩 7년간 모두 1,050만 엔(약 1억 5,188만 원)을 지급한다고 하니 일본의 농업 붕괴에 대한 긴장과 대응이 짐작할 만하다. 농업인구 감소와 노령화의 진 척이 우리보다 심각하다고 하지만 가히 혁신적인 조치다.

다시 정리하자면, 농민기본소득제는 긴박한 소득 불균형을 해소 하기 위한 것이며 농업의 사회적 가치에 대한 재인식에서 비롯된 것이다. 자본주의 시장경제의 대안이기도 하다.

왜 농민에게 조건 없이 월급을 주자고 하는가?

최근 들어 농민월급제 또는 농민기본소득제 이야기가 무성해지고 있다. 이런 얘기를 하는 사람들이 많아졌고, 얘기의 갈래가 다양해지고 쟁점들이 보다 선명하게 간추려지고 있다. 처음에는 '기본소득제'라는 주제로 계간지 『진보평론』과 격월간지 『녹색평론』에서 거론하였는데, 4~5년 사이에 몇몇 연구소에서 이를 토론 주제로 삼기도 하고 농업 매체의 칼럼난에 등장하기도 했다. 이것이 초기에는 가뭄에 콩 나듯 했는데, 이제는 농업 관련 매체에 외국 사례까지 언급되더니 「귀농통문」이라는 전국귀농운동본부가 발행하는 잡지에서는 상당한 지면을 할애하여 특집으로 다루기도 했다.

비록 원외 소수 정당이긴 해도 녹색당의 기본소득제 논의는 참 끈덕지다. 작년에는 아예 기본소득특별위원회를 구성하였고, 올 대의원대회에서는 기본소득제를 당론으로 확정했다. 이런 추세라면 큰 야당인 새정치민주연합에서 거론할 날도 머지않았다는 생각이 든다. 사회 의제들은 이런 과정을 거쳐 입법화되어 왔다. 생협 관련법이 그랬고 유기농 관련법도 그랬다. 최근의 협동조합기본법은 물론이고 귀농 관련법도 그랬다. 시민사회에서 먼저 문제를 제기하고 크고 작은 실천들이 이루어지면서 점차 사회화되어 끝내 입법으로까지 이어졌다.

왜 농민에게 조건 없이 월급을 주자고 하는가? 이는 기본소득제의 여러 쟁점 중에 가장 중요한 부분이다. 아무 조건 없이 모든 농민에게 일괄적으로 생활이 가능한 수준의 월급을 지급하자는 주장에 대해서는 논자들 사이에 이론이 없어 보인다. 그 주장을 하나하나 소개할 수도 있지만 곁가지들을 쳐내고 한마디로 간추리자면 이렇게 설명할 수 있겠다.

우리나라의 곡물 자급도가 겨우 23% 안팎인데, 이게 어느 정도냐하면 인민들이 굶주린다는 북한보다도 낮은 수준이다. 2012년 기준으로 남한의 곡물 생산량은 456만 톤인 데 반해 북한의 곡물 생산량은 467만 톤이다. 남한보다 11만 톤을 더 생산했다. 작년의 경우 그 격차가 더 벌어졌을 것으로 추산된다. 유엔식량기구와 유엔세계식량계획에서 밝힌 통계 수치다.

남한의 곡물 자급도가 이렇게 낮은 데에는 경쟁력이 없는 농업을 포기하고 부가가치가 높은 다른 산업에 집중하는 대신, 식량은 수입해 먹는다는 남한 정부의 계산이 깔려 있다. 역설적으로 농민기본소득제의 근거가 이 부분에 뿌리를 두고 있다. 만약에 농사를 포기하고 467만 톤의 곡물을 사 들인다면 어떻게 되겠냐는 것이다. 국제 시세에 따라 계산해 보면 2조 원이 채 안 된다. 2조 원만 있으면 농사 안 지어도 될까? 전혀 그렇지 않다. 농사를 돈벌이 산업으로 바라보면 이런 계산 놀음을 할 수 있겠으나 이는 현실을 모르고 하는 소리다. 이른바 농업의 다원적 가치에 대해 무지할 때 하는 소리다. 농사를 지음으로 해서 얻게 되는 수자원 보존이라든가 가뭄이나 장마 피해 방지 효과, 토양 유실 방지 또는 자연 경관 조성 효과 등이 수십조 원이 되는 것으로 추산한다. 우리나라가 식량을 전량 수입에 의존하고 농사를 멈추는 순간 큰 재앙을 맞게 된다. 이러한 농업의 다원적 가치가 사라지기 때문이다.

농업 자체는 재벌 기업들이 벌이는 사회공익사업들보다 훨씬 가치가 높은데도 그동안 농민의 희생을 강요해 온 우리 사회가 '사회 배당' 차원에서 농민월급제를 실시하자는 것이 첫 번째 근거라면, 두 번째, 세 번째 근거는 농업과 농촌을 살리면서 농촌인구를 늘리는 동시에 도시 과밀 인구 분산 효과라든가 식량자급률의 상승 기대 등이다.

농민기본소득제를 기화로 정의롭지 못하고 초과 약탈이 보장되던 금융소득 세제도 뜯어고치고 불로소득에 대한 정당한 과세를 강화하자는 것도 농민기본소득제의 정당성을 구성하는 주장들이다.

새로운 경제사회 시스템으로서의 농민월급제

아직은 농민기본소득제가 생소할뿐더러 그게 실현 가능하냐고 의구심을 품을 수도 있다. 아예 꿈같은 소리라고 부정하는 사람도 있다. 농민 중에도 많다. 그건 어쩌면 당연하다. 동학농민혁명 때 노비제가 사라지고 신분의 자유가 보장되었지만 동학의 시천주 사상에 따라 모든 동학 교도들이 맞절을 하게 될 때 옛 지주 앞에서 맞절만큼은 못하겠다고 도망간 사람들이 당시 농민군들이었다. 변화는 순조롭게 오는 게 아니라는 얘기다. 의식의 변화가 주장의 변화로, 그것이 다시 생활의 변화로까지 완성되어야 한다.

그러나 농민들에게 아무 조건 없이 1인당 월 150만 원을 지급한다고 해 보자. 우리 사회에 아주 혁명적인 변화가 올 것이다. 이런 상상에 익숙하지 않은 사람은 상상 자체가 불가능할 수도 있다. 모든 현실은 상상에서 시작된다. 꿈같은 상상이 현실화되어 온 것이 문명의 역사다. 논리적 타당성과 역사적 정당성이 있으면 상상은 현실화될 수 있다. 여기에 세계사적 보편성까지 있다면 말이다. 유럽은 물론이고 미국이나 인도, 브라질, 필리핀도 농민기본소득 개념의 제도를 시범적으로 또는 부분적으로 실시하고 있다니 우리의 상상이 터무니없는 것만은 아니다.

농민기본소득제가 실시되면 농업의 다원적 기능이 발휘되는 방식의 농법, 즉 유기재배에 대대적인 인구 이동이 생겨날 것이다. 농지 제도도 바뀌어야 할 것이고 자경농 비율도 높여야 할 것이다. 도시의 반실업 상태 청년들이 농촌으로 시선을 돌릴 것이다. 우리의 농업인구가 지금의 7% 비율을 점차 늘려 갈 것은 자명한 이치다. 서울과 수도권 중심성이 약화되고 지역의 중요도가 높아질 것이다.

농민들이 부나방처럼 이런 작물, 저런 작물을 넘나들며 보조금 타 먹기 위한 영농조합이나 농업법인을 만들려고 컨설팅 업체에 쓸데없이 정부지원금을 갖다 바치는 일도 사라질 것이다. 갈수록 사막화되던 토양도 회복되기 시작할 것이고 농업 관료들의 상전 노릇도 끝날 것이다. 선거 때만 주권자고 4년 내내 귀찮은 민원인 또는 청구서를 든 '을'의 지위를 면치 못하던 농민들이 소신껏 농사를 지을 수 있지 않겠는가.

여기까지는 어디까지나 필자의 주관적인 추론에 불과하다. 실제 농민들 사이에서는 아직 농민월급제 논의가 활발하지 않은 게 사실이다. 농민 단체들조차 자유무역협정 피해 보전이나 기초 농산물 국가수매제, 식량자급률 목표제는 내세우면서도 농민기본소득제를 아직 요구하고 있지 못한 실정이다. 그럼에도 이 논의가 탄력을 받아 더 확산되리라 예상하는 것은 이 길 외에 다른 선택이 없다고 보여서다. 이 길 외에 다른 선택이 없다고 하니 억지처럼 들릴지 모르겠지만 이는 필자의 일방적 주장이 아니다.

이런 흐름의 논의는 18세기부터 있어 왔다. 이른바 노동과 소득의 분리 사상이다. 노동한 만큼 소득을 보장하는 것은 매우 야만적인 신자유주의 흐름에 불과하다. 보다 인본적인 철학사상가들은 소득의 보장은 노동의 질이나 양과 무관하게 설정하였었다. 사회주의 이론에서 말하는 '능력껏 일하고 노동의 질과 양에 관계없이 필요에 따라 받는' 원리와 같다.

근자에 이르러서는 인본주의적인 접근에서 벗어나 경제이론적인 측면뿐 아니라 문명사의 흐름에서 기본소득제의 주장이 강화되고 있다. 애초에는 영국의 클리포드 더글러스의 '사회신용론'이라는 이론에서 나왔는데, 화폐는 상품이 아니라 교환의 수단이 되어야 한다는 그의 철학에서 비롯되었다.

컬럼비아대학교 객원교수였던 『거대한 전환』의 칼 폴라니를 필두로 『21세기 자본』의 피케티를 비롯하여, 최근에 번역된 『신성한 경제학의 시대』를 쓴 아이젠스타인 등의 경제·문명 이론가들은, 이구동성으로 실물경제에 기생하는 금융자본 중심의 신자유주의 경제는 양극화의 심화와 거품경제의 증폭으로 폭발점을 향해 가고 있다면서, 새로운 시스템을 시급히 구축해야 한다고 경고하고 있다. 한창 진행 중인 그리스의 위기가 대표적인 예라 하겠다. 한살림에서 출간된 『자본주의를 넘어』의 저자는 '프라우트 경제체제'를 제시하면서 지금의 주류 경제 시스템은 2008년의 경제 위기보다 더 심각한 상황이라서 필연적으로 굉음을 내며 무너질 수밖에 없는 운명에 처해 있다고 진단한다. 또한 농업 분야에 종사하는 인구 비율을 20% 이상으로 유지해야 할 필요성을 다각도로 분석하고 있다. 농업인구 20% 이상이라면 거대한 혁명이 아닐 수 없다.

우리나라에도 '기본소득 지구 네트워크' 한국지부 형태의 '기본소득 한국 네트워크'가 세계에서 17번째로 설립되었고, 강남훈 한신대 교수, 곽노완 서울시립대 교수, 하승수 녹색당 공동 운영위원장, 충남발전연구원의 박경철 연구원, 농부 변현단, 최광은 기본소득네트워크 운영위원, 정기석 마을연구소 소장 등이 연구와 논의의 수준을 높여 가면서 기본소득 의제를 사회화하고 있다. 민주노총 산하의 정책연구원은 2009년에 한국형 기본소득 모델을 완성하기도 했다.

기본소득론자들의 한결같은 주장은 이대로는 안 된다는 것이다. 소득 편차가 이토록 극단화된 상태는 결코 바람직하지도 않으며, 지속 가능하지도 않다고 본다. 그래서 대안적 방안의 하나로 기본소득제를 주창하고 있는 것이다.

이런 맥락에서 농민기본소득제는 단순한 농민 복지 논의가 아니라 현대 문명의 위기를 극복하는 거대 담론의 주요 부분인 것이다. 그렇게 볼 때 우리가 기억해야 할 중요한 과제가 있다.

높은 도덕성으로 협동조합 사회체제 구축

연전에 서강대에서 열린 '2015년 기본소득 국제학술대회'에서 이재명 성남시장은 '청년배당' 개념을 도입하여 청년을 대상으로 기본소득제를 제한적으로나마 도입하겠다고 밝혔다. 현금보다는 현물이나 지역화폐(상품권)를 제공하여 지역상권의 선순환 구조를 만들겠다고 덧붙였다. 성남시는 우리나라 최초의 기본소득 도입 지방정부가 되는 셈이다. 앞으로 대상 청년의 규모나 지급 수준은 물론 전달 방식과 평가 기준 등이 주목받을 것으로 보인다.

이처럼 농민기본소득제도 농촌 지역 지자체에서 제한적인 대상을 시한을 정해 시범적으로 시도해 볼 수 있을 것이다. 마을연구소 정기석 소장은 '청년 공익영농 요원제'를 주장한 적이 있다. 청년 농부에게 월 150만 원씩 지급하는 것이다. 정기석 소장은 하위 30%의 영세농에게 '영세농 기초생활보장제'와 함께 고령농에게 '고령농 기초생활보장제'를 실시하자는 주장도 한다. 시범 사업에서는 정밀한 분석 수단을 갖추고 모든 농민에게 일괄적으로 조건 없이 기본소득을 지급해 나간다는 방침을 유지해야 할 것이다.

그러나 더 중요한 것은 농민기본소득제를 도입함으로써 변화된 사회에서 우리가 어떤 인간형으로 살아가게 되는지를 바로 아는 것이다. 상호 착취는 물론이고 급기야는 자기 착취를 강화하는 지금의 체제를 넘어서고자 하는 것이 기본소득제의 취지다. 공짜로 돈을 받아 편하게 사는 제도로 농민기본소득제를 이해한다면 이 제도는 실패할 것이다. 인간의 존엄을 높이고 협동과 봉사, 헌신과 나눔, 자급과 자립, 순환의 공동체 등 새로운 문명 가치를 일구어 가는 도정에 기본소득제가 있음으로 해서 자발적인 노동, 창조적인 삶이 전일화되는 사회를 만들어 가는 것이다.

아무리 제도가 좋아도 그 제도의 운영 주체이자 향유자인 사람의 의식과 도덕적 수준이 따르지 못하면 어느 한쪽이 붕괴되는 사례는 역사에 무수하다. 농민기본소득제 논의 과정에서 돈의 가치보다 삶의 가치가 존중되는 농민 집단이 등장해야 할 것이다. 농민기본소득제 논의를 주도하고 실현해 내는 주체가 농민이어야 한다. 뒷전에 앉아서 불로소득처럼 기본소득을 챙기는 농민은 이 제도의 취지와 부합하지 않는다. 위대한 자연의 상속자로서 농민은 건강한 밥상을 차리는 담당자여야 하기 때문이다.

지금이라도 '기본소득 농민 네트워크'를 만들어 대응하는 것이 바람직하겠다. 이 기본소득제 운동은 한국 사회 내부에 계급 간, 계층 간, 세대 간, 지역 간, 성별 간에 견고하게 형성되어 있는 다양한 층위의 내부 식민지를 해방시키는 투쟁이기 때문이다. 기본소득제 도입은 '돈벌이 노동 사회'를 '필요 노동 사회'로 바꾸어 가는 지렛대가 될 것이다.

-〈대산농업문화〉, 2015년 가을호

농민 기본소득의 철학과 논거

경기도 화성시에서 가장 먼저 시작된 농민월급제에 나주와 익산이 합류하더니, 올해는 전라북도 임실까지 참여하는 모양이다. 이들 지자체에서 시도하는 '농민월급제'는 엄격히 말하면 농민월급제라기보다는 '예상 농산물 담보 무이자 분할 대출'이다. 가을에 출하할 농산물을 담보로 해서 예상 매입가격의 50%에서 70% 수준만을 5~10회에 나눠 미리 지급하는 것이고, 그 이자는 지자체에서 보전하는 방식이기 때문이다. 말을 바로 하고 이름을 제대로 붙여야 세상이 바로 서는데, 농민월급제가 그렇다. '무역이득금 공유제'도 마찬가지다. '농업파괴무역 이득 환수제'가 맞다.

농민기본소득제는 이와는 다르다. 조건 없이 모든 농민에게 일정액을 지급하는 것이다. 격월간지 『녹색평론』이 오래전부터 그 이론적 뒷받침을 마련해 왔고 녹색당이 줄기차게 확산시키고 있다. 최근 민주노총 위원장 선거에서도 쟁점으로 등장한 것을 보면 논의가 계속 번져 갈 것으로 보인다.

이런 주제에는 반론도 있을 수 있다. 한 나라의 정책이 되기 위해

서는 더 정교하게 가다듬어야 할 쟁점도 있다. 중요한 쟁점 중 하나
는 재원이다. 무슨 돈으로 농민에게 조건 없이 월급을 준다는 것인
가? 300여만 명이나 되는 농민에게 매달 일정한 금액을 지급하려면
상당한 예산이 필요할 것이다. 그러나 더 중요한 쟁점은 정당성이
며 이는 농민기본소득제의 철학적 바탕이다. 차근차근 풀어 보자.

자, 이 지구는 누구의 것인가. 땅, 하늘, 물, 숲, 지하수, 햇볕, 공기
등 '어머니 대자연'은 누가, 누구에게 준 것인가. 하늘이 지구의 모
든 생명체에게 주었다고 봐야 한다. 여기서 하늘이라고 하는 것은
하느님, 한울님이다. 지구의 모든 생명체라고 하지 말고 사람만으
로 좁혀서 말해 보자. 이 세상의 재화는 하늘이 그 어떤 일부분에 대
해서도 특정 집단이나 특정 개인에게 상속한 바 없다. 하늘이 그런
유언장을 공중했다는 말을 들은 바 없다.

자연의 재화뿐 아니라 전파나 석유, 지하자원, 철도, 도로 등 인간
의 손질이 조금 가해진 재화들 또한 손질이 가해진 만큼만 그들에
게 수고를 인정하고 이 세상 모든 사람들이 똑같은 지분을 갖는 것
이 옳지만 현실은 그렇지 않다. 제도와 법으로 재벌과 부자와 대기
업에 편중되게 나눠 주는 꼴이다. 모든 인민들이 그 재화와 거기서
나오는 이득을 공유해야 한다. 농민기본소득제는 이런 자연철학에
바탕을 둔다. 여기서 재원을 마련할 수 있다고 보는 것이다. 매우 온
당한 논리다.

누구는 호화방탕하면서 널브러져서 살고, 누구는 피골이 상접하여 죽어 가는 것은 제도의 악독한 착취성 때문이다. 삼성전자가 매년 분기 순이익을 수조 원씩 내고 재벌 총수나 투기 자본가가 수백억 원씩의 연봉을 받는 것은, 환경오염과 재난 사고 등 돈벌이의 사회적 비용은 인민들에게 전가하고 무한 착취를 일삼기 때문이라는 것은 공공연한 사실이다. 농민기본소득제는 대자연의 동등한 자식으로서 상속권 또는 배당권을 주장하는 것일 뿐이다. 왜 농민이어야 하는지는 사회적 기회비용의 가장 큰 피해자이기 때문이며, 대자연 상속권을 가장 심하게 훼손당하고 있기 때문이다. 대한항공 조현아 같은 망나니의 '땅콩 회항' 행태를 보면 왕후장상의 씨는 따로 있는가 싶겠지만 절대 그렇지 않다. 그녀는 다수 백성들의 피를 빨아먹고 괴물이 된 것일 뿐이다.

한번 둘러보자. 기후변화로 전 세계가 끙끙 앓는데, 피해는 가난한 나라가 더 많이 본다. 2013년도 기준으로 전 세계 이산화탄소 배출량을 보면, 중국이 전체의 29%를, 미국과 유럽연합은 전체의 15%와 10%를 배출했다. 1인당 배출량으로 따지면 미국이 단연 세계 1위로 중국의 2배가 훨씬 넘는다. 기후변화의 원인을 가장 많이 제공하는 나라는 이들인데, 피해는 북한이나 아프리카, 남미 등의 가난한 나라에서 더 많이 보는 현실은 정의도 아니고 진리도, 공정도 아니며 거대한 폭력 자체다. 세상의 모든 재화가 부자들에 편중되어 있다.

이런 현실은 한국이라고 다를 바 없다. 모든 농민들이 트럭을 가졌다는 이유로 환경부담금을 물고 있지만, 현대나 기아자동차가 환경부담금을 낸다는 소리는 듣지 못했다. 필로폰은 거래하는 자는 물론 제조하는 자도 처벌되는 것과 비교하면 이 부당성이 확연해진다. 왜 운전자만 환경파괴 부담을 뒤집어써야 하는가. 환경에 부담을 주는 자동차 회사도 내야 하지 않는가? 도로 건설에 현대나 기아가 돈을 냈다는 얘기도 들어 본 바가 없다.

만백성의 세금으로 도로를 만들고 돈은 자동차 회사가 번다. 우리나라 교통망이 공공시설인 철도보다 자동차도로가 더 발달되어 있는 데는 자동차자본과 국가가 결탁한 측면도 있다.

시골 외딴집에 전기를 들이려면 일정 거리 이상의 전신주 가설비를 개인이 다 부담해야 한다. 서울 부자들이 고리 핵발전소에서 밀양을 지나 서울까지 가는 송전탑 건설 비용을 부담한다는 얘기는 듣지 못했다. 말도 안 되는 불공평이 횡행하고 있으니 이를 바로잡는 게 대자연 상속자의 정당한 권리를 회복하는 일이다.

농민기본소득제와 대자연 상속자 논리

지난해 봄, 꼬박 22일 동안을 중국에 머물면서 틈틈이 자연재배 농장들을 둘러보고 농부들을 만났다. 대화 도중에 그들이 한국의 귀농 운동을 소개해 달라고 해서 귀농의 추세와 배경, 귀농운동본부의 활동 과정에 대한 자료를 이틀 동안이나 준비해서 두 시간여에 걸쳐 빔프로젝트를 이용해 내 나름대로 성의껏 전했다. 중국 농부들이 놀라워하는 것은 조직 운동 그 자체였다. 사회주의 체제에서 자율적인 조직 운동을 해 본 적도 없고 상상조차 불가능했기에 더 그랬던 듯하다. 질문도 그 부분에 집중되었던 것으로 기억된다.

내가 만난 중국의 자연농부들은 놀랍게도 연전에 중국을 방문한 조한규 선생의 강의와 워크숍에 참석했던 사람도 있었고, 중국어로 번역된 그의 저서를 갖고 있는 사람도 있었다. 그들에게 미리 마련해 간 조한규 선생의 아들인 조영상 선생의 자연재배 자료집을 전했다. 당연한 얘기지만 그들의 농법과 생활은 우리와 다른 것들이 많았고 부러운 것들도 많이 보였다. 내가 1996년에 큰물 피해를 당해 기근이 심했던 북한 땅에 밀가루를 넣어 주기 위해 갔던 중국을 근 20년 만에 다시 간 것인데, 가서 보니 마치 처음 방문한 것과 같을 정도로 참 많이도 변해 있었다.

글의 주제상 다른 건 다 생략하고 관련 있는 몇 가지 인상적인 장면을 소개해 보겠다. 지하철 최하 요금이 2위안이었고 버스 요금은 1위안이었다. 1위안은 우리 돈 174원이다. 노동자나 농민에게 그야말로 큰 위안이 되는 요금 체계였다. 다른 물가는 우리보다 더 비싼 것도 있고 비슷한 것도 있었다. 내가 생활했던 상하이와 그 주변을 기준으로 그랬다.

일행 한 분이 몇 번이나 사회주의는 노동자나 서민에게 진짜 천국이라고 거듭 말했다. 중국의 농민공 문제를 알기에 이 말에 전적으로 동의하기는 어려웠지만 수긍되는 부분도 있었다. 3일 연휴로 즐기는 노동절 축제를 겪으며 더 그랬다. 3일 동안 폭죽 터지는 소리가 밤낮으로 들렸다. 와이파이 지역에서 고국의 소식을 스마트폰으로 접하고는 기분이 더 참담해졌다. 서울 거리를 경찰들이 장악하고는 독성의 물대포를 노동자들에게 뒤집어씌우고 있는 소식이었다.

폭죽 불꽃이 밤하늘로 솟아오를 때마다 차라리 외면하고 싶었다. 노동절에는 노동자들이 그날 하루만이라도 시름을 내려놓고 나들이도 하고 놀이터도 가고 그래야 하거늘, 행진도 못하게 차벽을 쌓고 물대포를 뒤집어씌우니 고개가 절로 가로저어졌던 것이다. 노동절 때 놀랐던 게 하나 더 있다. 연휴 기간 내내 모든 도로 통행료가 면제되더라는 점이다. 우리가 농부 행사를 열었던 총밍섬에서 상하이로 나가는데, 평소 같지 않고 차량이 너무 밀렸다. 모든 연휴 기간에는 고속도로 통행료가 전액 무료가 된다고 했다.

사람이 몰리는 곳은 바가지요금이 극성이고 사람을 존엄한 인격체로 보기보다는 돈벌이 대상으로 바라보는 자본주의적 시스템과는 매우 다르구나 싶었다. 한국에서는 연휴나 명절 때면 거북이도로가 되는 고속도로가, 통행료를 면제하기는커녕 깎아 줬다는 얘기도 들어 본 바 없다. 고속도로라고 만들어 놓고 차량이 밀려서 속도가 시속 20킬로미터나 30킬로미터도 겨우 나온다면, 통행료를 반으로 깎아 줘도 도로공사는 손해 볼 것도 없으련만 요금을 다 받으니 부당하다는 생각이 들었다.

중국에서처럼 노동자나 농민 등 서민들의 기초 생활이 가능하도록 기본 정책이 충실하다는 것은 매우 중요해 보인다. 중국에서 우리 5일장 같은 데를 가 봤는데, 2위안이면 아침 때우는 게 가능했다. 우리 돈 350원으로 식사를 할 수 있다는 것은 기적이 아닌가? 물론 중국의 공항이나 도심엔 우리 뺨치는 비싼 가격의 음식들도 있다.

농사의 안정은 어디에서 오는가

우리가 거론하는 농민 기본소득도 같은 이치다. 모든 사람들이 음식, 의료, 교육, 주거, 문화, 의복이라는 6대 필수품은 완벽하게 보장받아야 한다. 경상남도에서는 홍준표 도지사가 학교급식을 끊어 학생들조차도 먹는 것 하나 가지고 논란이 심하다. 언제쯤에나 이런 6대 기본 생활재가 모든 인민에게 무조건 제공되어야 한다는 신인본사상이 일반화될지 조심스럽게 가늠해 보는데, 그게 불가능한 일은 절대 아니다.

　중국 농부들의 드넓은 농장을 보면서 맨 먼저 저 땅이 평당 얼마나 할까라는 생각이 든 것은 한국민의 디엔에이를 가진 자다운 생각이리라. 그러나 유감스럽게도 농지의 평당 가격은 거기서 농사를 짓는 농부도 모른다. 아니, 알 필요도 없다. 토지는 중국 헌법 10조에 의거하여 전 인민의 소유로 되어 있기 때문이다. 즉 국가 소유다. 사고팔 수가 없다. 농부는 다만 이용권만 가지고 이용권을 매매하거나 상속할 수 있을 뿐이다.

　토지가 철저하게 사회주의 공유제로 되어 있다 보니 농지 가격이 안정될 수밖에 없고, 이는 농사의 안정으로 이어지는 것으로 보인다. 농부에게는 농지의 소유관계와 이용관계가 핵심이다. 작년의 중국 토지개혁에서는 3가지 원칙을 수립했는데, 그중 하나가 '농지 문제가 어떤 경우에도 농민의 이익을 침해해서는 안 된다.'는 것이다. 우리말로 하면 '토지의 공개념'이 아주 철저하다. 근대에 있었던 중국의 모든 혁명들은 농민의 농지 소유 비율을 높이기 위한 것이었다고 해도 과언이 아니다. 부재지주가 늘고 늘어 50%가 넘어선 우리의 처지와 비교된다.

　귀농을 해도 농사지을 땅이 없어서 여기저기를 전전하다가 겨우 자리를 잡는가 싶다가도 관광지나 무슨 타운으로 개발이 되는 바람이 쫓겨나야 하는 우리 현실에서는 농사의 안정을 기대하기 힘들다. 농사의 안정성을 해치는 게 정부의 주요 정책이 된 듯하다.

우리나라에서도 농민들의 소득 안정, 생활 안정을 위한 조치들이 있어 왔고 논의 중인 것들도 있는데, 최근 각광을 받고 있는 것이 농민기본소득이다. 만약 농민기본소득제가 제대로 시행된다면 농민 문제의 상당 부분이 해결될 수 있을 것이다. 매달 먹고살 만한 월급이 나오는데, 누가 무리한 투자(?)를 하겠는가? 여기서 투자라고 하는 것은 주식 투자나 펀드 등 금융권의 투기성 상품을 사고파는 그런 투자를 말하는 게 아니다. 농민들은 농기계, 시설농장, 가온시설 등에 거의 '투자'에 가까운 출혈을 감수하는 경우가 많다. 그 끝이 농가 부도나 파산이 되는 것을 심심찮게 목격한다. 왜 출혈인 줄 알면서도 무리하게 투자를 하느냐 하면 농사 규모가 아무리 작아도 농기계 없이는 농사 자체가 불가능하기 때문이다. 지자체나 농협에 농기계 임대 제도가 있긴 해도 그것으로는 턱없이 부족하고 또 불편하다.

가격의 불안정과 수급의 불투명으로 무슨 농사를 해도 수지를 맞추기 어려우니까 돈 되는 작물이면 눈에 불을 켜고 달려들다 보니 시설농사에 눈을 돌린다. 이게 물 먹는 하마처럼 엄청난 돈을 빨아먹는다. 억대는 가뿐히 넘어선다. 더구나 융자나 보조가 있을 때는 일단 저질러 보게 된다. 돈도 수천만 원, 나아가 억대를 만지게 된다. 거치 기간이 지나고 원금 상환이 두세 건 물리게 되면 농민은 숨을 헐떡거리게 된다. 한 해 삐끗하면 부도가 난다. 먹고살 만한 월급이 나오면 이런 무리한 시도를 하지 않을 것이라는 얘기다.

농민기본소득제가 실시되면 농촌에 사람들이 늘어나리라는 것도 쉽게 예상할 수 있다. 농촌인구가 늘어난다는 것을 간단히 여기면 안 된다. 고질적인 도시문제의 상당 부분이 해소되는 과정이 함께 진행되기 때문이다. 도시형 범죄, 도시형 환경문제 말이다. 이런 문제들로 인한 의료비와 행정 비용은 상당할 것으로 보인다. 농촌인구가 늘어나면 우리나라 사람들의 스트레스 평균 총량이 현격히 감소할 것이다. 식량자급율은 올라갈 것이고 농지 감소 현상은 줄어들 것이다. 농사짓는 총각들 장가 못가는 일도 옛이야깃거리가 될지도 모른다. 농사짓는 사람에게 월 150만 원 정도만 주면 말이다.

그런데 월급은 누가 주는가? 그렇다. 누가, 무슨 돈으로 월급을 주는지 걱정이 앞설 것이다. 지금 국민연금 소득대체율 가지고 씨름을 하고 있는 판에 농어민 300만 명에게 월급을 주라고 하면 나라 걱정부터 할 것이다. 과연 모범 국민, 애국 국민답다. 어떤 이들은 농어촌 예산으로 농민 월급을 주자고도 하고, 지역화폐를 발행하자고도 하지만 내 생각은 좀 다르다. 그런 접근은 노동자와 농민이 왜 비참한 생활을 하는지를 헤아리지 않은 접근이다. 왜 최상위 소득과 최하위 소득의 격차가 계속 벌어지는지 따져 보고, 20:80의 사회가 이제는 1:99의 사회가 되어 버린 근원을 캐지 않은 접근이다.

한 가지 예를 들어 보자. 삼성의 이건희 씨가 1년 넘도록 산 것도 죽은 것도 아닌 상태로 있다. 절대 죽어서는 안 되는 처지에 있어서 삼성이 시체놀이를 하는 것이라는 풍문도 있다. 한 인간에 대한 이런 험한 말투를 부디 너그럽게 봐주기 바란다. 삼성과 이건희 일가, 나아가 대재벌과 권력의 관계에서 비롯되는 처참한 노동자, 농민의 삶을 돌아보면 말을 좀 험하게 하는 것은 양해될 수 있으리라 본다. 삼성반도체와 삼성에스디아이 노동자들 생각을 하면 더 그렇다.

이건희 씨가 누워 있는 1년여 기간 동안 그의 세 자녀인 이재용, 이부진, 이서현의 재산이 3배로 뛰었다. 2~3천만 원 재산이 6~9천만 원으로 뛴 것이라 생각하면 큰 오산이다. 자그마치 12조 원이나 늘었다. 12억도 아니고 12조다. 그들이 하루 수백 시간씩 일을 한 것도 아니다. 누구에게나 하루는 24시간이다. 며칠 전 노조 탄압에 항의하다 끝내 스스로 목숨을 끊은, 박근혜 대통령의 남동생 박지만 씨 회사 '이지테크'의 고(故) 양우권 노조위원장보다 일을 덜했으면 덜했지, 더하지는 않았을 것이다. 자식 사랑이 각별해서인지 모르겠으나 삼성가 3남매가 계속 주식을 긁어모아 아무도 넘볼 수 없는 삼성그룹의 지배주주가 되고 나면 이건희 씨는 눈을 감을 것으로 보인다. 아니, 그때까지 마음대로 눈을 감게 놔두지 않을 것으로 보인다.

그런데 아무도 삼성가 3남매를 도둑놈이라고 욕하지 않는다. 순후레자식들이라고 비난하지도 않는다. 사법 당국이 잡아가지도 않는다. 도리어 '경영권 승계 토대 구축'이라든가 '그룹 지배권 확보'라는 호의적인 분석만 요란하다. 재벌과 대기업에 깔때기를 대놓고 약자들을 착취하는 경제구조 때문이라는 게 빤한데도 그들이 대단한 경영 능력을 발휘한 듯 현실을 왜곡한다.

이런 부의 편중과 소득 구조의 원천적 불공평을 없애지 않고서는 어떤 처방들도 몇 년 안에 효력을 잃을 것이다. 최저임금의 수천 배, 수만 배씩 돈을 버는 재벌가 식구들과 대기업 임원들의 도둑질 행위를 차단하지 않고 다른 데서 농민월급제 재원을 마련하겠다고 하면 안 된다. 농민기본소득제의 정당성과 형평성을 확보하기 위해서도 그렇다.

내가 이들을 왜 도둑놈에 비유하는가? 이렇게 생각해 보자. 부모의 유산을 형제 중 한 사람이 독차지하거나 더 가지려 한다면 물불 안 가리고 싸움이 일어난다. 개인 가정은 물론이고 돈더미를 쌓아 놓고 있는 삼성이나 두산, 금호그룹 등 재벌가들의 자식들이 벌이는 재산 분쟁을 보면 그렇다. 최근에는 롯데가 진흙탕 싸움을 벌이고 있다. 사람들은 피는 물보다 진하지만 돈은 그 피보다도 진하다고 조롱하면서도 이를 당연시한다. 형제간의 재산 분쟁은 법정으로 가는 것이 상례가 되고 있다. 배우자나 자녀가 상속인의 재산을 고르게 나누도록 법에 정해져 있으니까 조금이라도 자기 몫이 적다고 여겨지면 기를 쓰고 달려드는 것이다.

임금(소득)상한제와 화폐 유통기간제 둬야

아리스토텔레스는 기억에 남을 말을 많이 남겼는데, 그중 하나가 '소득 5배 사회 불안론'이다. 그의 스승인 플라톤의 말을 전하는 형식인데, '어느 사회에서건 가장 가난한 사람보다 5배 이상 수입이 있는 사람이 있어선 안 된다.'는 말을 했다.

그렇게 소득 차가 생기면 사회가 불안해지고 부에 대한 존중이 사라지며, 사실상 도둑질 아니고서는 5배나 많이 버는 것은 원천적으로 불가능하며, 결코 바람직하지 않다는 의미로 해석된다. 그런데 재작년에 현대 정몽구 씨의 소득은 최저임금자의 5배가 아니라 3,220배였고, 에스케이의 최태원 씨는 감옥에 들어앉아 있으면서도 3백억 이상을 벌었다.

누구는 감옥에서 하루 일당을 5억씩 친다고 해서 황제 노역이라는 신조어가 생겼다. 이게 법에 근거한 판사님의 판결이었으니 말문이 막힌다. 이것이 법적 정의란다. 도시 근로자 평균 일당이 84,000원이니 6천 배나 많은 일당을 판사님이 법에 따라 인정한 것이다. 한때 '월가를 점령하라'는 운동이 일어난 배경도 이런 경제 현실 때문일 것이다. 이 지점에서 아리스토텔레스한테 한번 물어보고 싶다. 한국 사람들은 왜 폭동은커녕 분노조차 하지 않는 것이냐고. 대답은 뻔하다. 저항하지 못하게 세뇌시켜 놓고 약탈을 강화해 왔기 때문이라고. 언론과 지식 장사꾼들로 구성된 중간 브로커들이 그렇게 만들고 있다고.

황제 노역의 주인공은 별로 유명하지도 않은 대주그룹 허재호 사장이었다. 자그마치 최저임금 노동자의 6천 배 소득을 법원이 정당하다고 인정한 것이다. 이건희 씨나 정몽구 씨였으면 일당이 10억은 되지 않았을까 싶다. 이런 불공평이 대자연의 신성한 상속권을 약탈해 간 데서 비롯되었다고 보는 것이다.

대자연의 신성한 상속권을 되찾기 위해서 어떻게 해야 할까? 최저임금제를 두듯이 최고임금제 또는 '임금(소득)상한제'를 두는 것이다. 예컨대, 어떤 경우에도 가장 소득이 적은 사람의 30배 이상의 소득은 인정하지 않는 것이다. 50배까지 양보할 수도 있다. 더 벌고 싶으면 최저임금을 올리면 된다. 그러면 부자가 더 가져갈 수 있는 것이다. 최저 소득자의 50배 이상 소득에 대해서는 초과소득누진세 100%를 부과하면서 사회적 기부로 인정해 '명예'를 주는 것으로 하면 되겠다.

이런 발상에 대해 생소한 나머지 웬 종북좌빨적 발상이냐고 생각하는 사람이 일부 극소수 있을 수 있겠다. 그러나 소득상한제의 본산은 북한이 아니고 미국이다. 최고임금(소득)제를 도입하자는 주장은 100년도 더 된 옛날 옛적에 미국에서 시작되었고 상당한 효과를 냈다. 1910년대 미국에서는 연소득 100만 달러(우리 돈 10억 8천만 원) 이상 과세율이 1914년의 7%에서 1918년에는 77%까지 올라갔다고 한다. 만약에 '최저임금의 25배 이상 소득에 대해서는 부유세를 누진적으로 부과하며 50배가 넘는 소득부터는 100%를 부과한다.'고 하면 이 사회의 많은 분쟁과 불신과 극한 투쟁들이 사라질 것이라 확신한다. 당시 미국에서는 임금 차별을 범죄로 여겨야 한다고 생각했을 정도다. 연방정부는 인종과 성을 차별하는 기업에게는 정부 기관 입찰권을 박탈했듯이, 임원들에게 천문학적인 연봉을 주거나 성과급을 주는 기업에게는 국가 경제 불평등 심화죄를 적용하여 똑같이 정부 기관 입찰권을 박탈해야 한다고 여겼다.

이런 정신이 계속 이어졌다면 노조를 탄압하면 법적 제제를 받고, 위법성이 확인되었을 때는 그 기업에 주던 어떤 지원금도 회수하는 데까지 가지 않았을까 싶다. 그렇다면 박지만 씨 기업 이지테크는 아예 문을 닫아야 하는 처지가 되었을 것이다. 아니, 노조 만들면 목숨까지 바쳐야 하는 이런 참극 자체가 일어나지 않았을 가능성이 더 크다.

많은 경제학자들의 공통된 주장이지만 소득의 극심한 불평등은 사회의 안정을 크게 해친다. 부와 소득의 정의가 이루어지면 사회는 안정된다. 그 이유는 간단하다. 연봉이 5백억이나 되는 사람이 아무리 시장에 가서 흥청망청 돈을 쓴다고 해도 냉장고를 10대 살 수 없고 빵을 한 트럭 살 수 없다. 그 돈이 백성들에게 고루 돌아가야 시장이 활성화되고 기업의 가동률이 높아지며 실업이 해소된다. 가난한 사람들은 우선 돈을 들고 시장에 가기 때문이다. 결국 사람들은 안정된 삶을 보장받고 기업도 산다.

초고소득자들이 실물경제에 투자한다는 소리는 듣지 못했다. 모두 허수의 경제, 금융권으로 몰려 실물경제에는 도움을 주지 않는다. 그 돈마저도 전환사채나 주식 상장 또는 주가 조작 등으로 번 돈이라는 면에서 노동자나 농민들의 호주머니를 턴 것에 다름 아니다. 실물경제와 금융경제의 엇박자가 지금처럼 극심한 적은 없었다. 2008년 금융 붕괴 때보다 더 큰 위기를 쌓아 가고 있는 자들 또한 그들이다. 그러니 대자본과 그 족벌들, 결탁된 관료들과 언론 및 법률가들을 도둑놈이라 부르는 것은 양반이고 실은 특수 범죄자로 봐야 하는 것이다.

2008년 위기는 4조 달러나 찍어 내서 겨우 막았는데, 그 뒤로 일본이나 유럽, 한국은 이른바 '프린팅 머니'라 하여 돈 찍어 내는 것으로 경제위기를 봉합하고 있는 실정이다. 화폐 남발은 서민에 대한 엄청난 도둑질이다. 그러니 소득상한제를 두자고 하는 것이다.

대자연의 신성한 상속권을 되찾는 또 하나의 방법이 '화폐 유통기간제'가 아닐까 한다. 모든 화폐는 국가화폐로 제한하고 파생 금융

상품을 금하며, 화폐의 유통기간을 3년 또는 5년으로 제한하는 것이다. 우유나 김밥에 유통기한이 있듯 돈에도 유통기간을 두어 은행에 저금하거나 집에 쌓아 두거나 논이나 밭에 파묻어 두었다가는 휴지가 되게 하는 제도이다. 돈은 씽씽 돌고 돌아야 한다는 철학이다.

교환의 수단으로 태어난 돈이 타락하여 부의 축적 수단이 되면서 엄청난 비극이 시작되었다. 팽창해서 터져 버릴 때까지 자신의 몸집을 불리는 괴질에 걸린 것이 지금의 (금융)자본주의다. 그래서 부의 축적 기능에 제한을 두자는 것이다. 3년 또는 5년 동안 실물경제에 넣지 않고 쌓아 두는 돈이라면 없어도 되는 돈이다. 없어도 먹고 살기에 문제가 없는 돈이라고 봐도 되지 않을까 싶다. 신권과의 교환도 80% 정도만 쳐준다고 해 보자. 지하경제 자체가 존립하기 힘들 것이다. 화폐유통기간제로 인해서 만약에 부동산이나 귀중품으로 돈이 몰린다면 자동차 등록제처럼 귀중품도 등록제로 하여 높은 보유세를 물리면 될 것이다. 구체적인 대책들은 '대자연 공평 상속제'의 철학에 입각해서 접근하면 될 것이다.

농민기본소득제는 건강 경제의 촉매

가계부채의 급증으로 국민 모두가 어렵고 농민은 더 어렵다. 농민기본소득제를 철학과 당위성의 문제로 접근하여 논의를 급진전 시킬 필요가 있겠다. 스위스는 이미 농민 총소득의 60% 이상이 각 종 직불금이라고 한다. 산비탈이나 박토 등 농사짓기가 어려운 한 계농지의 경우 총소득에서 차지하는 직불금은 95%라고 하니 농민 기본소득제의 실현이라고 봐도 무리가 아니다. 이처럼 이미 다양한 접근법을 통해 기본소득제의 기초가 만들어지고 있는 추세다.

부모 유산보다도 대자연의 유산을 되찾는 농민기본소득제 실현 이 중요한 시점이다. 이는 잘못된 경제 시스템에 대한 대대적인 수 정 작업이며, 두 번째로 닥칠 금융 붕괴를 회피하는 방지책이다.

2008년 붕괴는 금융의 식민지로 전락한 실물경제 영역이 어떻게 70억 인류를 고통 속으로 몰아가는지 보여주었던 사건이다. 월가로 대표되는 투기자본이 저지른 대형 사고를 70억 인류가 감당하지 않 았는가? 당시에 미국은 보험사와 은행에 각각 1,500억 달러와 3,450 억 달러를 지원했다. 아이엠에프 때 우리나라가 애걸복걸해서 요청 한 돈이 20억 달러였다는 걸 상기해 보면 지금의 세계경제는 '달러 프린팅 머니' 경제라는 것을 실감할 수 있을 것이다. 미국이 마구 찍 어 낸 달러(채권)를 중국이 사 주었다. 중국도 이제 제 코가 석 자다.

농민기본소득제의 도입은, 부의 공평화, 소득 구조의 정의, 새로 운 부가 소득을 향해 부나방처럼 몰려다니는 투기자본의 방제, 정 의롭고 평화로운 사회의 건설이라는 거시적 안목으로 차근차근 접근하는 것이 좋겠다. 국민연금의 소득대체율도 50%가 아니라 80%까지 가능해지는 첫걸음이 되게끔 말이다. 다만, 농민기본소득제를 실시할 때는 농업의 공익적 가치가 실현되는 방향으로 해야 할 것이다. 공장화된 농업, 산업화된 농업을 제어하지 않으면 농민들에게 기본소득제를 실시하는 도덕적, 환경적 정당성이 사라진다. 다시 말해서 공장식 축산이나 산업화된 농산물 생산 시설 등 이산화탄소 배출이 과도한 부문에는 선별적으로 적용해야 할 것이다.

-〈귀농통문〉, 2015년 여름호

2부

소놀음
새로운
문명운동이다

자생 · 자급 · 자치의 지역농민운동

작년 말(2012)과 올 초(2013)에 있었던 농업 관련 행사에서 으뜸가는 주제는 새 정부의 농정이었다. 이명박 정부 5년에 대한 평가에 이어 박근혜 정부에 바라는 글과 주장이 참 많았다. 각종 포럼과 토론회, 신문지상의 좌담 등을 연이어 보면서 5년 단위의 과거가 생각났다. 이명박 정부가 등장할 때, 노무현 정부가 등장할 때 말이다. 새 정부의 등장에 맞춰 농업정책을 놓고 농업 관련 기관들이 관심을 보이고 주문을 하는 것은 당연한 책무이자 권리라 하겠다. 그런데 똑같은 얘기가 5년 주기로 계속되다 보니 이런 얘기를 저들이 얼마나 귀담아 듣고 있나 회의가 든다. 과학적인 수치를 들이대며 심각하게 얘기해도 별 효과 없기로는 박근혜 정부도 마찬가지일 것으로 보인다.

이런 때에 우리 농민운동은 어떻게 해야 하는가. 간단하지 않은 문제다. 가장 진보적이었다고 하는 노무현 정부 때 시위 현장에서 농민이 두 명이나 맞아 죽었지 않았는가. 그 후 10년이 지났어도 바뀐 게 없다. 농민은 줄었지만 농업컨설팅 회사도 늘었고 농업 전문가도 늘었다. 농가 소득은 줄었지만 무슨 포럼이니 연구원이니 재단이니 하는 것들만 많아졌다.

현재 우리 농업은 한때 우리나라가 일본 제국주의의 식민지였던 것 이상으로 대자본과 공업의 약탈 대상으로 전락되어 있다고 해도 과언이 아니다. 농업에 투입된 자본은 농민을 종으로 만든 지 오래다. 자본의 논리에 따라 농민들의 하루의 삶은 기계 부속처럼 축사에서, 시설농장에서 혹사되고 있다. 고기와 자동차와 자동 농기계, 해외여행이라는 향내 나는 마취제와 함께.

이제 농민운동은 자생, 자강 운동을 벌여야 할 때라고 본다. 연초에 초청을 받고 몇 군데 농민 단체 행사에 갔는데, 한 곳에서는 정치 방침을 가지고 논란이 있었고, 또 한 곳에서는 기초 농산물 국가 수매제를 요구했다. 인구 2만도 안 되는 시골의 농민 단체에서 말이다. 또 한 곳에서는 농민기본소득보장제를 놓고 토론을 하고 있었다. 농민단체의 명백한 정치 과잉이다. 중요한 것이 빠졌다고 본다. 현재 우리 농민들에게 가장 절박한 것은 자생력이다. 자력갱생의 완강한 의지가 절실하다. 국가권력에 더 이상 의존하지 않으리라는 각오로 우리 농민운동이 스스로 살리고 스스로 다스리면서 스스로 튼튼해지는 운동을 전개해야 할 때라고 본다. 강하게 요구하고 맹렬하게 규탄하면 뭔가 해결되던 시대는 끝났다는 게 필자의 판단이다. 기후변화라는 이름 아래 지구별 자체가 한계치에 이르러 있고 정부는 노골적으로 자본에 붙어먹고 있다.

자생운동은 자급운동에서 시작된다. 농민운동은 지역공동체 안에서 지역자원을 가지고 웬만큼은 자급할 수 있도록 운동을 벌여야 할 것이다. 지역축제나 지역행사에 먹을 것이 넘쳐 나지만 지역 농산물을 쓰지 않는다. 외식업체들이 싸구려 중국산 냉동 해물이나 정체를 알 수 없는 가공된 먹거리를 공급한다. 지역 농민 단체가 이를 바꿔 내야 할 것이다. 교육도, 의료도, 입을 거리도, 놀이 문화도 최대한 자급을 시도하고 모자라는 것은 이웃 마을과 교환하도록 하는 농민운동을 기대한다.

유기농사를 하는 농민들이 애들 간식이나 기타의 먹을거리를 마련한다고 마트에 가서 화학농산물을 사는 것은 심각한 자기모순이다. 유기농을 말하고 에프티에이를 반대하는 농민이라면 술집, 고깃집 가는 횟수를 줄이고 유기농산물을 취급하는 생협의 제품을 사야 할 것이다. 이것이 농민이 사는 길이라고 본다. 그러자면 엄중한 근검 생활을 각오하고 지역공동체의 힘으로 견뎌야 할 것이다. 농민운동은 이를 준비해야 할 때라고 본다.

농민운동의 지역자치는 우리 농업과 농촌의 새로운 희망이 될 것이다. 올해 치러지는 군수 선거와 군의원 선거에 벌써부터 움직임들이 한창이다. 농민들이 줄서기 바쁘다. 유력한 입후보자에 줄 설게 아니라 농민 정부를 지역에 세울 수 있는 궁리를 해야 한다. 학교

급식이나 지역화폐, 공공행사 시 지역농산물 이용에 대한 조례 등
군 단위, 시 단위의 농업 관련 지역대책을 놓고 농민운동이 이를 공
약으로 삼게 입후보자를 이끌어야 할 것이다. 지역농민운동이 살아
야 식량 자급, 통일 농업, 순환 농업에 희망이 있다.

-〈한국농어민신문〉, 2013년 3월

자식도 부모랑 같이 농사짓게 하려면

우리 고장의 중·고등학교 학생 임원 수련회에 '좋은 말씀' 좀 해달라는 부탁을 받고 다녀왔는데, 며칠 지나지 않아서는 옆 군에서 개관하는 도서관에 가서 초등학생들을 대상으로 강의랍시고 이야기를 나누게 되었다. 짐작은 하고 있었지만 이들은 농촌에 살 뿐 도시 아이들과 별로 다르지 않았다. 생각보다 심했다. 집과 학교를 대롱을 타고 흐르는 물처럼 오갈 뿐, 자연도, 농사도, 부모의 일상도 모르고 있었다. 부모의 집안일을 돕는다는 것은 먼 꿈나라 같은 얘기였다. 방과후학교니, 학원이니, 무슨 프로젝트 수업이니 하면서 시간을 보내고 스마트폰과 컴퓨터가 이들의 자투리 시간마저 장악하고 있었다. 하물며 놀이마저도 전문가 선생님이 와서 가르치는 실정이다 보니 어딜 봐도 '촌놈' 냄새는 전혀 나지 않았다. 얼굴도 허여멀쑥하다. 여학생들의 화장기는 연예인 못지않다.

농업인구가 날로 줄어들어서 1970년도에 1,500만이던 것이 2000년도에는 400만을 겨우 넘기는가 싶더니 작년에는 290만 명 아래로 내려앉았다. 정권이 바뀔 때마다 각종 후계농업인 지원책이 새로 나왔지만 다들 농촌을 떠났고 들판은 농기계가 장악했다. 농장은 하우스와 농약, 제초제가 농민 일손과 임무를 교대하게 되니 농토와 밥상은 오염될 수밖에 없었다.

사실 자식들이 부모 농사 일손을 거들려야 거들 일거리도 없는 실정이다. 소고삐를 잡고 풀 먹이러 갈 일도 없고 꼴을 벨 일도 없다. 새참을 들판으로 내고 술심부름하러 술도가에 갈 일도 없다. 이런 마당에 어떻게 하면 자식도 부모 따라 농사짓고 살게 할 수 있을까를 고민하는 사람들이 있다. 스스로 농촌으로 내려와서 희망을 가꿔 가는 귀농자들의 일부가 그렇다. 이런 농민들의 2세가 자발적으로 농촌에 살겠다고 하려면 어떤 방책이 필요할까. 이 문제가 풀리면 농촌 문제의 중요한 매듭 하나가 풀릴 것이다.

지금처럼 농사 자금을 저리로 융자해 준다거나 농지나 농기계 구입을 지원하고 농민 자녀의 농업대학 등록금을 면제해 주는 등의 혜택은 여전히 필요하다. 여기에다 청년 농부에게 군 대체 복무제를 도입한다면 환영할 만하다. 그러나 이런 혜택에 관심도 없이 스스로 농부가 되겠다는 젊은이들이 있다. 이 젊은이들을 잘 살펴볼 필요가 있다.

내 자식 얘기해서 뭣하지만, 어제 강화도에서 집을 한 채 짓고 있는 아들한테 다녀왔는데, 아들 녀석은 일찍이 중학교 때 농촌에서 살기로 작정을 했다. 군 입대를 코앞에 두고 작년에 시작한 집 짓기를 다 끝내고 입대한다고 친구들과 구슬땀을 흘리고 있다. 재작년부터 같은 대안학교 출신 청년 4명과 같이 농장을 개척하여 농사를 지었고, 그들과 같이 집 짓기 완공을 눈앞에 두고 있는 것이다. 그 청년들을 보면 공통점이 있다. 농촌과 생태에 대한 감각을 갖추고 있다는 점이다. 부모들이 코흘리개 때부터 애들을 논과 밭에서 뒹굴며 자라게 한 것이다. 부모가 갖고 있는 경험과 지혜를 대충이라도 익히게 한 것이다. 자연 생태적 감수성을 길러 줘서 철 따라 변하는 자연의 문리를 생활 속에서 알게 되었다는 공통점이 있다.

우리의 농업정책이 이 점에 착안할 필요가 있겠다. 농사짓는 부모와 자식이 함께할 수 있는 여러 프로그램을 지원하는 것 말이다. 농민 부모의 일상을 배우고 체화하는 다양한 형태의 학교나 교실을 개설하는 것 말이다. 생태 감수성은 내면 깊은 곳에서 장기간에 걸쳐서 새싹처럼 움터 오는 것이지, 지원이니 융자니 하는 외적 자극에만 의존하면 자생력이 없다. 단기 체험과 프로젝트 수업으로는 한계가 있다. 살기는 시골에 살지만 온갖 도시적 자극과 유혹에 적나라하게 노출되어 있는 농촌 2세들이 이것들과 거리를 두고 내면의 생태적 감성을 키워 갈 수 있게 하는 것이 중요하다.

억지로 할 수는 없겠지만 농가 2세들이 농촌에서 꿈을 키우고 지역에 남을 수 있도록 부모의 농사 생활에 참여하고 익힐 수 있는 여러 기회들을 교육기관에서 마련할 필요가 있다. 시골마다 도시에다 장학숙을 마련하고 향토기금으로 장학재단을 운영하고 있다. 오로지 공부 잘하는 아이들에게만 혜택이 주어진다. 성적순으로 자르기 때문이다. 그들이 일류 대학이나 사법시험에 합격하면 성공이라고 자축한다. 시골 돈을 끌어모아 똑똑한 아이들을 도시로 내모는 것이다. 그들은 고향으로 돌아오지 않는다. 돌아오더라도 불쑥 화려한 명함을 들고 선거판에 돌아온다.

부모의 삶을 고귀하게 바라보고 자식이 대를 이어 가는 일은 인간문화재급 장인들 집안에만 해당되는 것이어야 하는가. 이들에게는 자부심과 사회적 존경과 경제적 뒷받침이 있다. 나라에서 보장해 주는 측면도 있다. 일반 농가에서도 그런 일이 많아질 수 있게 해야 한다. 농사짓는 일이 자부심이 되고 사회적 존경이 되고 경제적 자립이 되도록 말이다. 특히 농촌에 살려고 제 발로 찾아드는 청년들에게 시선을 집중할 필요가 있다.

-〈한국농어민신문〉, 2013년 4월

강이 살아야 농사도 산다

거품경제라고 할 때는 한 경제주체의 경제활동이 실속 없이 외형만 부풀려져 있는 것을 말하는 것인데, 우리나라의 식량 생산에 거품이 있다고 하면 많이 놀랄 것이다. 그렇잖아도 20대 초반으로 툭 떨어진 곡물 자급률 때문에 걱정인데, 이마저도 거품이라면 놀라지 않을 수 없다. 무슨 말인고 하면 우리가 생산하는 23% 대의 자급 곡물이 지속가능하지 않은 수단에 의존하고 있다는 사실이다. 바로 물이다. 우리나라 물 수요량의 43%가 농업용수다. 그런데 이 농업용수가 대단히 불안정한 기반 위에서 생산·공급된다.

요즘 남부 지역 들판에는 모내기가 한창이다. 시시각각 짙어 가는 연초록의 향연이 들판에 가득하다. 냇물의 보를 통해 끌어들이는 물도 있지만 관정에서 뽑아 올리는 물도 있다. 수자원공사 자료에 의하면, 우리나라에 다목적댐은 2013년 3월 현재 15개가 있고, 공업용수, 생활용수, 농업용수 등의 댐이 1,206개가 있다고 되어 있다. 그렇다면 관정은 몇 개나 될까? 자그마치 1백만 개가 넘는다. 시골 여기저기에는 관정뿐 아니라 강의 물을 퍼 올리는 양수도 만만

찮다. 대수층의 재충전 속도를 능가하는 양수다. 이러한 과잉 양수
는 디젤로 돌아가는 강력한 양수기가 보급된 탓이다. 과잉 양수는
바로 식량 거품으로 연결된다.

우리 마을만 해도 십 몇 년 전에는 5~6미터만 파면 우물이 있었
다. 요즘은 중대형 관정기가 150미터를 뚫는 건 예삿일이고, 700미
터를 뚫어야 안정적이고 질 좋은 물을 먹을 수 있다고 한다. 이래서
지속 가능하지 않은 물 공급 체계라는 말이 나온다. 관정을 뚫는 것
으로 물 부족을 해결하는 시도는 한계가 명백하다. 지하 수위가 계
속 내려가기 때문이다. 그나마 방치된 관정의 관리도 허술하다. 지
하수의 오염이 염려되는 대목이다. 각종 지원이 있다 보니 툭하면
관정을 뚫고 여차하면 마무리도 하지 않고 방치하는 실정이다. 지
하수까지 연결되는 관정으로 지표수가 쏟아져 들어간다. 지하수의
오염은 심각한 결과를 초래한다. 지하수는 사방팔방 위아래로 연결
되고 오염의 확산이 한순간이다.

1인당 물 사용량은 늘어만 가고 물의 절대량은 줄어 간다. 그래
서 물 부족 국가의 앞자리를 한국이 차지하는 것이다. 물이 왜 이리
많이 들까? 자료에 의하면 햄버거 1개를 만드는 데 2,400리터의 물
이 필요하다고 한다. 콩과 대두를 1킬로그램 생산하는 데 드는 물
은 3,848리터, 메밀에는 2,555리터, 쌀에는 2,497리터다. 또한 초콜
릿에는 무려 17,196리터의 물이 들고, 축산물이 곡물보다 훨씬 많은

물을 사용하는데, 쇠고기의 경우 17,091리터로 가장 많고, 치즈가 6,697리터, 돼지고기가 5,988리터, 닭고기가 4,325리터 든다고 되어 있다. 뾰족한 대책은 없다. 불편함을 무릅쓰고 꾸준히 정도를 가야 할 것으로 보인다.

우선, 농업용수를 효율화해야 한다. 농수로가 부실해서 공급량의 40%가 제 용도로 쓰이지 않고 새어 나간다고 한다. 이를 개선하지 않고서는 과잉 양수나 지하수위 저하를 막을 길이 없어 보인다. 흙으로 된 농수로가 문제라고 해서 유(U)자형 블록으로 개구리나 뱀들의 무덤이 되는 농수로를 만드는 것 역시 배제해야 할 것이다. 한 번 빠지면 죽고 마는 그런 농수로는 인명 사고도 초래한다. 친자연적인 방안을 적용한 농수 유실 방지책이 요구된다.

또한 공업용수에 대한 제한이 필요하다. 총 수자원에서 차지하는 공업용수 비율은 세계 평균을 훨씬 웃도는 1.5배 이상을 쓰면서도 물값은 낮다. 산업용 전기요금처럼 말이다. 농촌 지역에 들어오는 음료 산업체나 생수 산업체는 대표적인 물 과다 사용 공업 시설이다. 수자원을 치명적으로 파괴한다.

강물을 살려 강물의 자연 흐름을 이용하여 농사를 지어야 안정적이고 지속적으로 농사용 물을 사용할 수 있다. 얼핏 막막해 보일지 모르지만 이 길을 외면하고서는 식량 거품을 막을 길이 없다. 거품이 낀 식량 생산은 거품과 함께 순식간에 무너지기 때문에 경계해야 한다.

　마지막으로 물을 잘 관리하는 문제가 있다. 기후변화가 계속 가속화될 것이므로 물의 자연 대류와 순환은 대단히 불규칙하고 불안정해질 것이 분명하다. 빗물의 재활용이라든가 웅덩이의 복구, 자연을 훼손하지 않는 저수 기능 확충 등이 시급하다. 특히 중앙 공급 방식으로 치닫는 물 관리가 지역 단위 체계로 전환될 필요가 있다. 소형 마을 저수지를 만들어 물의 이동 거리를 단축시켜야 한다. 위생 사업 일환으로 시골 마을마다 상수도 사업이 강력하게 추진되고 있다. 계곡물을 막아서 먹는 간이 상수도를 걷어 내고 진행되는 광역 상수도 사업은 위험하다. 특히 물 산업에 외국자본을 허용하는 현상은 정말 위험하다. 지역 자급 정책에 식량과 에너지와 더불어 물도 포함하는 정책이 요구된다.

-〈한국농어민신문〉, 2013년 6월

축산업, 지원할 게 아니라 규제해야

한때 삐삐와 시티폰이라는 게 있었다. 처음 삐삐가 등장했을 때 정식 명칭은 '호출기'였지만 다들 소리 나는 대로 '삐삐'라고 불렀다. 일종의 애칭이었다. 필자는 당시에 5·3 인천사태라는 시국 사건으로 현상금이 걸린 수배자였지만, 조직 활동의 필요에 따라 거금 28만 원을 들여 모토로라 삐삐를 샀던 기억이 있다. 1986년에 28만 원이라면 정말 큰돈이었다.

오래전에 휴대폰이 삐삐 자리를 빼앗더니 다시 스마트폰이 휴대폰 자리를 대체하고 있다. 이렇듯 뜨는 산업이 있고 지는 산업이 있다. 지는 산업을 사양산업이라고 한다. 시장은 늘 사양산업과 대안산업이 교차한다. 사양길로 접어드는 산업은 이를 일찍 감지하고 대응하는 것이 좋다. 그 기준은 시장의 반응, 도덕성, 생태환경성이다. 시장의 외면과 저항이 거세지는 산업, 반환경적, 반인간적 업종은 오래갈 수 없다. 자, 그렇다면 축산업은 어디에 해당될까? 대안산업일까, 사양산업일까.

지난 구제역 재앙은 육식 문화에 대한 경고

아직은 그 누구도 축산업을 감히 사양산업이라 부르지 않는다. 그런 말을 입에 올렸다가는 몰매를 맞을 것이기 때문이다. 정치인이 그런 말을 했다가는 그날로 정치생명이 끝난다고 해도 틀리지는 않을 것이다. 어디 정치인뿐이랴. 농민을 팔아 밥벌이하는 교수, 연구원, 관료, 농업 관련 연구소, 농민단체, 축산단체 등은 절대 이런 말을 하지 못한다. 안 한다. 머릿속에 그런 생각 자체가 없을 수도 있다. 그러나 과연 지금 이대로의 '축산'이 계속되어야 하는 산업인지 의문을 지울 수 없다. 날이 갈수록 의문은 더 커진다.

'고기 없는 월요일'의 대표 이현주 선생은 말한다. 구제역은 육식 문화에 대한 경고라고. 정부가 국가특급재난사태라 할 지난번 구제역을 방역 부실과 축산 농민들의 무책임에서 비롯되었다고 판단하여 내놓은 '가축질병 방역체계 개선 및 축산업 선진화 방안'과 시각이 다르다. 얼마 전에 발표한 정부의 축산업 선진화 방안은 육식 문화를 전혀 언급하고 있지 않다.

'고기 없는 월요일'의 견해는, 살처분 보상금이 깎였느니, 허가 시설 확보를 위한 지원금을 달라느니, 무허가 축사를 양성화하라느니, 사료보조금 상환을 유예해 달라느니 하면서 입만 벌렸다 하면 요구 조건을 끊임없이 내놓는 축산단체의 주장과는 더 거리가 멀다. 정부의 축산선진화 대책이 고사 직전의 축산농가에 더 큰 짐을 지우고 있다는 시민단체나 진보정당들의 입바른 소리와도 궤를 달리한다. 이들은 구제역 재앙의 본질을 육식 문화에 대한 경고로 받아들이지 않고 있다. 육식 자체를 손봐야 할 문제라고 보지 않는 것이다. 그러나 어쩌랴? 진실은 곳곳에서 드러나고 있는 것을.

대학 구내식당에서 '고기 없는 월요일'이 속속 등장하고 있다. 심지어 비육식 식단도 제공되기 시작했다. 여수시와 여수시교육청은 채식급식과 선택급식(채식과 일반식을 둘 다 제공해 선택하도록 하는 것)을 검토 중이다. 광주광역시교육청은 270개 초·중·고에 시민강사단을 구성해 학생들에게 환경과 먹을거리에 대해 가르칠 예정이라고 한다. 육식을 안 하는 쪽으로 식단을 구성하겠다는 것이다.

고기 안 먹자는 운동이 벌어진다

전주의 한 중학교는 혁신학교 특성화 교육 프로그램의 하나로 '고기 없는 월요일'을 채택했다. 고기 안 먹는 게 '혁신'이 되는 현실이 되었다.

더구나 재작년에 제정된 '식생활교육지원법'에 의거하여 식생활교육기관이 속속 지정되고 있다. 지금은 대학에 17곳, 공공 기관 1곳, 민간에 3곳이지만 계속 늘어날 전망이다. 이 기관들은 생태 환경, 성장호르몬, 유전자조작, 항생제, 푸드 마일리지(식재료 이동 거리), 생물 다양성, 생명 존중, 식량 자급 등의 조항에 입각하여 식생활을 개선하겠다는 입장이다.

유감스럽게도 우리나라 축산업은 여기서 지적하고 있는 모든 조항에 걸린다. 모든 조항을 거스르고 있는 것이다. 사료곡물 해외 의존도가 97.4%니 푸드 마일리지와 식량 자급에 걸리고, 사료곡물의 82%가 전량 수입하는 옥수수니 유전자조작에 걸리고, 동물 학대가 일상화된 밀집 축사이다 보니 생명 존중에 걸린다. 항생제, 생물 다양성 훼손, 성장호르몬 등 안 걸리는 게 없다. 최근의 매일유업 사건에서 보듯이 발암물질인 포르말린이 혼합된 사료를 소에게 먹이는 일까지 일어나고 있으니 축산업은 갈 데까지 간 형국이다.

이현주 선생은 계속 말한다. 1킬로그램의 쇠고기를 생산하는 과정에서 발생하는 온실가스는 자동차가 249킬로미터를 달리며 내는 온실가스와 맞먹는다고. 가히 생태 환경에 치명적이라고 하겠다. 인간이 배출하는 메탄가스 양의 37%, 암모니아가스의 64%는 축산에서 비롯된다고 한다.

기상이변과 지구온난화를 걱정하면서 고기를 먹는 것은 이율배반이다. 핵발전소 사고로 내리는 방사성 비를 걱정하면서도 전기를 펑펑 쓰는 어리석음과 같다. 수입 사료의 88.2%가 미국과 중국에서 들어온다. 한 · 미 에프티에이를 반대하고 민족농업을 주장하는 농민단체가 축산을 하는 것은 자기모순이다. 축산 자체가 미국의 농산물(사료)을 마구 들여오는 것과 같기 때문이다.

육식 산업을 제한해야

지난번(2011년) 구제역 사태로 여러 사람들이 다치고 죽었으며, 직·간접 손실 비용이 5조 원에 이른다. 모두 다 세금이다. 공장식 밀집 축산의 비경제성을 말해 준다. 축산 지원책, 생매장 보상금은 하늘에서 그냥 떨어지는 게 아니다. 과연 나라의 세금을 그런 곳에 계속 써야 하는지 검토해야 할 때다. 대부분의 생활습관병(성인병)의 원인도 육식이라는 혐의에서 자유롭지 못하다. 의사가 만성병 환자에게 하는 첫마디가 '고기 먹지 말라.'이다.

가만히 따져 보면 지금과 같은 축산은 농민들에게 고통만 준다. 돈벌이 논리에 따라 동물을 학대하고 무자비하게 살육하는 악역을 현장에서 담당하게 하고 있다. 정작 돈 버는 곳은 제약회사, 설비회사, 사료회사, 유통회사, 육식 관련 기관과 업체 등이다. 순수한 축산농민은 머슴에 불과하다.

축산단체들의 행태도 답답하다. 전교조는 참교육을 말한다. 민변은 민주주의 사회를 말하고, 건강사회를 위한 치과의사회는 베트남에 가서 한국군의 학살을 사죄하며 무료진료를 한다. 다들 사회적 소임을 다하기 위해 자기 밥그릇을 덜고 있다. 우리 농민은 왜 이러지 못하고 만날 징징대기만 할까? 지난번 구제역 사태 때 이 땅의 모든 평민들의 차량들이 차단 장치 앞에서 석회 가루를 뒤집어써야 할 때 축산단체에서 왜 최소한의 유감 성명이라도 한 장 내지 못했을까? 구제역으로 그 많은 세금이 축날 때 머리 숙이고 죄송하다는 말 한마디를 왜 못할까 싶었다. 특히 고기를 안 먹는 사람들에게 미안해하면 얼마나 좋았을까?

도리어 보상을 현실화하라고 노숙 농성을 벌이는 모습을 보고 참 답답했다. 살처분 당시의 시세와 재입식 때의 시세가 다르다며 차라리 소를 내놓으라고 시위를 하고 농성을 하는 것은 딱한 모습이었다. 120년 전 이 땅의 농민들은 그렇지 않았다. '보국안민(輔國安民)'을 내걸었다. 자기 밥그릇을 좀 덜어 내는 정도가 아니라 목을 내걸고 나라와 백성을 구하고자 했다.

축산단체는 최근에도 연 1%로 지원해 준 총액 기준 2조 원 상당의 축산농가 지원금 상환을 유예해 달라고 조르고 있다. 양심적인 축산농가 중심으로 가칭 '이웃과 사회를 생각하는 축산인 모임' 같은 게 만들어져서 자기 성찰 운동이라도 벌어지면 좋겠다. 담배 피우는 사람들이 장소를 가리고 간접 흡연자에 미안해하듯이 말이다.

이제 축산은 계륵이 되었다. 축산을 접는 게 진정한 선진화가 아닐까? 철저한 생태축산만이 선진화 아닐까? '축산'을 없애고 '가축'

을 기르는 게 선진화 아닐까? 육식을 줄이는 게 선진화 아닐까? 축산농민의 안전한 업종 변경을 유도하는 것이 선진화가 아닐까?

지금 이대로의 우리나라 축산업은 지원의 대상이 아니라 업종 전환의 대상이다. 디젤자동차에는 환경부담금이 부과된다. 축산농가는 물론 사료농가, 유통업체, 축산용 제약회사, 정육점 등에 환경부담금을 부과하는 법이 만들어진다면 필자는 찬성할 것이다.

-〈프레시안〉, 2011년 5월

밀양 농부들의 짐이 너무 무겁다

밀양에 세워지는 송전탑 때문에 밀양 농부들이 겪는 고통이 상상을 훨씬 넘어서고 있다. 짐작은 했지만 80대 노인들이 포클레인과 용역들에 맞선 지 벌써 몇 년째인가. 그러는 사이에 밀양 농부들의 외상 후 스트레스 정도가 보통 심각한 게 아닌 모양이다. 9·11 테러를 겪은 미국 시민들에 비해 무려 4.1배가 되며, 내전 중인 중동의 레바논 시민들에 비춰 봐서도 2.4배나 높다고 나온 것이다. 민주사회를 위한 변호사 모임과 국제엠네스티, 보건단체연합 등이 밀양의 송전탑 건설 예정지 4개 마을 79명의 농민들의 건강 실태를 조사한 결과다. 스트레스 증후군의 고위험군에 속하는 주민이 무려 69.9%에 이른다고 한다.

밀양 농민들이 분신 사망이라는 희생자까지 내 가며 신고리 핵발전소의 송전탑 건설 반대 투쟁을 하는 동안에 우리가 비로소 알게 된 정말 놀라운 사실들은 한둘이 아니다. 벽에 있는 콘센트에 플러그를 꽂기만 하면 전기가 그냥 펑펑 쏟아져 나오는 게 아니고, 애꿎은 시골 농부들의 머리 위로, 곡식과 과일과 가축들이 자라는 농장

위로 엄청난 전자파를 뿌리며 수백 킬로 와트짜리 전깃줄이 걸쳐져 있다는 사실을 알게 된 것이다.

돈과 물자가 넘쳐난다는 서울과 경기 등 수도권의 에너지 자립도는 한 자리 숫자를 맴돌고 있으면서도 우리나라 에너지의 40%를 이들이 쓴다는 사실도 알았다. 수백 킬로미터를 전깃줄을 깔아서 쓰는 수도권의 전기 값이 시골 농부들이 쓰는 전기 값이랑 똑같다는 것도 이번에 알았다. 실제 울진 핵발전소는 260킬로미터나 전깃줄을 깐다. 밀양 농민들이 저지하고 있는 신고리 핵발전소는 385킬로미터나 전깃줄을 까는 계획이 서 있다. 택배비도 산골에 사는 사람들이나 제주도에 사는 사람들은 더 무는데 하물며 돈 많은 수도권이 비용은 훨씬 더 들여 전기를 끌어가면서도 전기 값이 지방과 같다는 것은 정말 놀라운 일이다. 국민 1인당 에너지 소비량과 소비 증가 비율은 우리나라가 부동의 세계 1위라는 것과 2000년 이후에 독일, 일본, 프랑스, 이탈리아, 영국 등 부자 나라들은 다들 하락하고 있는데, 우리나라만 수직 상승하고 있다는 것도 알게 되었다.

가정용 전기 값은 킬로와트당 평균 120원 정도인데, 누진제가 적용되어 많이 쓰는 가정은 1킬로와트에 700원까지 내기도 한다. 그러나 산업체 전기는 누진제 없이 1킬로와트당 80원으로 오이시디(OECD) 국가의 1/2, 일본의 1/3 수준이다. 그래서 많이 쓸수록 이익이고 적게 쓰면 에너지 절약 공로로 지원금을 또 받으니 산업체는 이래도 돈 벌고, 저래도 돈 번다는 사실도 밀양 농민들의 송전탑 반대 투쟁을 지켜보면서 알게 되었다.

지난주에 우리 지역 농민들이 모여 에너지 강의를 듣고 같이 공부하면서 한 가지 결의를 했다. 밀양 농민들을 찾아가 위로를 하자는 것이다. 그분들 앞에서 재롱이라도 부려서 위험 수위에 다다른 외상 후 스트레스 증후군을 어떻게든 덜어 주자는 것이다. 축산업 규모화와 농산물 건조 장치 증설, 겨울 시설난방으로 에너지 소비량이 크게 늘고 있는 우리 농촌의 미래를 걱정하면서 밀양을 찾아가기로 한 것이다. 밀양 농민들에 대한 특단의 대책이 시급하다.

-⟨한국농어민신문⟩, 2013년 7월

노인의 날, 달라진 풍경을 보고 싶다

해마다 시월이면 노인의 날 행사가 열린다. 어머니를 모시고 면 단위로 열리는 행사장을 일삼아 찾아다녔다. 어느 행사장이건 수백 석이나 되는 좌석을 가득 메우고도 행사장 뒤에 서 있는 분들이 많았다. 노인의 날이라고는 하지만 모여드는 사람들은 평소 장터나 농협에서, 또는 버스 정류장에서 늘 만나는 연배의 사람들이다. 농촌 지역 노령화가 그만큼 진행되었다는 얘기다. 어디를 가나 노인들이다. 농촌 지역 전체가 노인 회관이라 해도 과언이 아닐 정도다.

노인의 날 행사는 18회 차가 되는 동안 변함없이 같은 방식으로 진행되고 있는 듯하다. 1부는 기념식과 표창장 주기가 있다. 그러고는 점심을 먹고 흥겨운 축하공연이 열리는 2부 행사가 있는 식이다. 가을걷이가 한창인 10월인데도 다들 일손을 놓고 행사장으로 나온다. 그래서 최대한 많은 분들과 얘기를 나눠 봤다. 좌석을 옮겨 다니며 가족관계나 건강, 애로 사항 등에 대해 얘기를 나누었다.

올해부터는 노인의 날 행사가 좀 달라졌으면 싶다. 하루 흥겨운 잔칫상 받는 것으로 넘어가기에는 농촌 지역의 노인 문제가 심각하다. 노령화율이 높다는 것뿐 아니라 도시에 비해 농촌의 노인들은 매우 열악한 처지에 있기 때문이다. 노인의 날 전후로 자기 지역 노인들의 삶을 되짚어 보고 지역특성에 맞는 노인 정책을 두루 다루어 보는 공론의 장을 마련했으면 하는 게 첫 번째 바람이다.

이런 자리에서는 노인들의 삶에 진정으로 존중을 표하고 젊은이들이 노인들의 삶과 경험에서 근면함과 지혜를 배우도록 하는 장치들을 궁리해 볼 수도 있을 것이다. 노부부가 아궁이에 불을 때고 잠을 자다가 연기가 들어와서 질식해 숨지는 일, 전기장판을 켜고 자다가 감전사하거나 정전이 되어 얼어 죽는 경우, 사망한 지 한 달여가 되도록 아무도 모른 채 지내는 경우는 더 이상 없어야 할 것이기 때문이다.

우리가 일상 속에서는 쉽사리 못 느낄 수도 있지만, 통계상으로 보면 세계 최고의 자살률이 9년째 계속되고 있는 가운데, 80대 이상 노인(남성) 자살률은 우리나라 평균 자살률의 6배나 된다. 이 가운데 농촌 노인의 자살률은 이 노인 자살률 평균치를 또 상회하고 있는 게 현실이다. 노인 가출, 노인 학대도 꾸준히 늘어나는 우울한 통계 수치가 계속 발표되고 있는 현실에서, 우리가 노인의 날이 있는 10월 적당한 날에 그 지역 노인 문제 전반에 대해 새롭게 희망을 일구어 가는 담론을 청장년을 포함해서 펼친다면 참 좋을 것이다. 언젠가는 노인이 될 것이라는 사실을 알고 젊음과 열정을 잘 배분할 수 있는 것도 큰 지혜이고 성숙한 삶이 될 것이다.

노인들에게 질병과 생활고, 고독감이 가장 큰 어려움이라고 한다. 여기서 비롯되는 노인 자살률을 낮추기 위한 일본의 사례는 시사하는 바가 크다. 동네의 이발사나 미용사, 그리고 노인들이 잘 들르는 노인정 관리인이나 동네 이장 등에게 간단한 노인 상담 훈련을 시켜서 생활상의 고독과 어려움을 토로하는 노인들이 있으면 바로 전문 상담원과 연결될 수 있도록 했던 것이다. 아무리 생활이 힘겨워도 어디든 그 사연을 털어놓을 데라도 있고 믿는 구석이 한 군데라도 있으면 극단적인 선택은 하지 않을 수 있다. 일 년에 딱 한 번일지라도 노인의 날을 맞아 지역 노인 실태와 현황 진단, 노년의 존엄이 보장되는 방책 등을 얘기할 수 있기를 바란다.

그다음으로는, 노인의 날 행사에서 노인들이 구경꾼이 아니라 주체가 되는 것도 깊이 생각해 볼 문제라고 본다. 박수 치고 차려 주는 밥 먹고 공연 구경하는 것이 모두인 현재의 노인의 날 풍경은 이제 좀 달라질 필요가 있다. 농촌 지역 어디나 있는 면민 체육대회나 군민의 날 행사는 아무래도 경기 중심이고, 공연 중심이고, 먹거리 장터 중심이다. 조금이라도 젊고, 조금이라도 기운이 있는 사람들 위주로 행사가 진행된다. 지역 풍물패나 합창단, 오케스트라 등도 상대적으로 젊은 사람들 위주로 구성되어 노인의 날 행사장에서 공연을 한다.

노인의 날만큼은 준비나 기획, 진행, 출연 등 모든 면에서 최대한 노인들이 주체가 되어 스스로 행사를 담당하도록 한다면 진정한 노인의 날이 되지 않을까 싶다. 동원의 대상에 머무르고 차려 주는 음식과 높은 사람들이 주는 상을 받기만 하는 수동적인 위치에서 능동적으로 행사를 만들고 향유하는 그런 노인의 날 말이다.

주제별로 풀어 놓는 이야기 마당도 좋고, 재주 자랑이나 농촌 생활용품 경시대회가 곁들여져도 좋을 것이다. 노인의 처지와 주장을 촌극으로 발표하게 되면 적어도 한 달 동안은 마을별로 공연 준비를 하면서 활기가 살아날 수도 있을 것이다. 마을별 노인 노래자랑은 또 어떤가.

-〈한국농어민신문〉, 2014년 10월

달라지는 대학생 농활 풍경

텅 빈 농촌에 젊은이들이 찾아오면 더 없이 반갑다. 반가움 때문이 아니라 정말로 농촌을 찾는 젊은이들은 다들 예쁘고 씩씩하고 초롱초롱하다. 올해도 우리 고장으로 대학생 농활단이 여럿 왔다. 그들 덕분에 잠시나마 젊은 활기로 농촌이 채워졌다.

대학생들의 농활이 예전과 많이 다르다는 것은 모두가 아는 사실이다. 농활에 참여하는 학생들의 규모 면에서도 그렇지만 무엇보다 농활의 성격이 달라졌다. 70년대와 80년대의 농활은 주로 농민의 식화에 초점이 맞춰져 있었다. 변변한 농민단체 하나 없던 당시에 농민들을 계몽한다는 과도한 사명감에 불탔던 그때는 규율도 엄해서, 쉬는 시간 외에는 앉지도 않아야 했고 술 담배는 물론 옷차림이나 언행까지 엄격했다. 농사일도 그야말로 뼈 빠지게 했다. 요즘의 대학생 농활은 예전보다 훨씬 가벼워졌다. 아주 좋은 현상이다. 봉사 활동 측면도 있고 대학생 동아리 내부의 단합대회 성격도 있는 것으로 보인다. 여전히 농민과의 연대를 중시하고 노동의 참가치를 체득하는 농활의 원형이 남아 있기도 하다. 그래서 농민-학생 간 토론회도 있다.

　서울 어느 대학교에서 30여 명의 농활대가 온 우리 지역의 한 마을에 강의를 갔었다. 학내 여러 동아리들이 연합해서 왔는데, 밝고 적극적이며 능동적이었다. 이들은 일 년에 서너 번 농활을 간다고 했다. 학기 중에도 간다는 얘기다. 회비를 걷어서 비용을 마련한 이들은 모든 면에서 활기에 차 있었다. 그런데 옆 마을 농활은 전혀 그렇지 못했던 모양이다. 과음을 하고서 자기들끼리 싸워서 스무 바늘이나 꿰맸다고 하니 끔찍한 사고다. 도내 지역에 있는 대학에서 교수의 주선으로 왔는데, 2학점의 봉사 활동 과목이었다고 한다. 일도 제대로 안 하고 장난질만 해서 그러려면 차라리 돌아가라고 해도 학점 때문에 못 간다고 버텼다니 한심한 일이다. 이 학생들을 받았던 농민들은 이제 다시는 개별적인 농활을 안 받겠다고 한다.

　몇 해 전 통계를 보니 전국농민회총연맹(전농)은 여름에만 100여 개 대학 2천여 명의 학생을 농촌으로 안내했다고 한다. 전농과 21세기한국대학생연합(한대련)에서 나온 '2013년 여름농활 교양자료집'을 보면 농촌 현실은 물론 농민운동의 역사와 정부의 농업정책과 과제가 웬만한 단행본 분량으로 잘 정리되어 있다. 학생들이 한대련 수준의 교양 과정을 거치고 농촌에 올 수 있도록 전문기관을 선정하고 그 창구를 통하는 것이 좋겠다. 농활이 학점을 따거나 남녀 연애, 또는 동아리의 엠티 정도로 전락되지 않아야 하겠기 때문이다. 실제 어느 대학은 '밥, 연애, 캠핑'이라는 구호로 농활대를 모집하기도 했다고 한다.

꼭 농사일이 아니더라도 다양한 전공을 살려서 젊은 대학생들의 재능을 농촌에 펼쳐도 좋겠다고 생각한다. 의료봉사나 문화공연, 농촌 집 손질이나 간단한 농기구 수리 등도 좋다. 농촌 노인들의 인물 탐방이나 옛이야기 들어 주기를 통해 기록물을 남겨도 좋을 것이다. 시골의 아동지원센터에서 농활을 해도 좋지 않겠는가?

또 하나 덧붙이자면 농민들의 농활대 맞이에 대해서다. 대학생 농활대를 맞는 농민들도 최소한의 채비를 갖출 필요가 있다. 잔칫집 떡 나누듯이 일손이 바쁜 농가들에 농활대를 나누는 식이 되어서는 안 될 것이다. 요즘 젊은이들의 관심과 정서, 주된 고민들이 뭔지에 대해 알아 둬야 할 것이다. 그들이 바쁜 농가 일손에 보탬이 되느냐 마느냐로 접근할 것이 아니라 미래의 소비자, 이 땅의 후대들이 농촌에 대하여 이해와 애정을 키우는 과정으로 여기고 노력과 정성을 쏟아야 할 것이다. 고도화된 시설농사나 특용작물을 키우는 농가는 일에 서툰 대학생들에게 농장 일을 맡기기가 꺼려질 것이다. 그렇더라도 방역 등 귀찮다는 이유로 학생들을 아예 접근조차 못하게 하는 것은 못내 아쉽다. 학생들을 대하는 농민들도 사전 교육이 필요한 대목이다.

-〈한국농어민신문〉, 2013년 8월

'농어촌 교육발전 특별법'을 말하다

요즘 시골 학교들이 갈수록 어려워지고 있다. 학생 수가 줄다 보니 폐교가 속출하는 데다 초등학교 고학년만 되어도 도시로 나가는 경우가 있다. 이유는 중학교 진학 때문인데, 그렇게 나갔던 중학생은 고등학교 진학 때문에 3학년이 되면 좀 더 큰 도시로 나가고, 고등학생은 대학 진학을 위해 더 큰 도시로 나간다. 도시는 블랙홀처럼 학생들을 끌어들여서 죄다 실업자로 만들어 놓고는 나 몰라라 하고 있다. 초·중·고를 거쳐 대학에 가는 과정이 산골 마을에서 중소 도시로, 중소 도시에서 지방 대도시로, 지방 대도시에서 서울 등 거대 도시로 개울물 흐르듯 쏠려 간다.

자식들 다 키워 놓았다고 상관없는 건 아니다. 농어촌의 학생이 줄고 교육이 부실하면 필연적으로 농어촌 지역 주민들의 삶도 피폐해진다. 상권도 무너지고 행정 지원도 줄 뿐 아니라 학교가 담당하던 다양한 공간적, 문화적 기능도 사라지기 때문이다. 농촌 공동체자체가 무너진다고 봐야 한다. 농어촌 교육이 무너지면 도시는 멀쩡할까? 그렇지 않다. 도시 학교의 과밀학급 수가 급증하고 학교가 너무 커지다 보니 학교 폭력 등 학생 관리의 사각지대가 생겨난다. 교육 문제는 다음 세대의 인재 양성뿐 아니라 도시문제, 국토 균형 발전의 문제, 보편적 복지의 실현 문제와도 긴밀히 결속되어 있다. 그나마 요즘은 신생아 출생률 저하가 수십 년째 계속되다 보니 도시 학교도 학생 수가 줄고 있는 실정이다.

이곳 전라북도의 최근 자료를 보면, 소규모 학교의 실태가 자못 심각하다. 군 지역 초등학교 136개교 중 전교생이 60명 이하인 학교가 무려 85개교로 전체의 62.5%에 이른다. 중학교도 엇비슷하다. 군 지역 중학교 42개교가 60명 이하로 전체의 52.5%나 된다. 면 단위에 고등학교는 물론 중학교조차 없는 곳이 수두룩하다. 학생 수만 그런 게 아니라 시골에 있는 학생들의 관심과 지향도 산이나 들, 농사나 노동에 있지 않고 게임이나 연예인, 학교 공부 등 온통 도시를 향해 있으니 이쯤 되면 농촌의 다음 세대는 없다고 봐야 한다.

이러한 때에 전라북도 교육청에서 뜻 깊은 행사가 열렸다. 지역 농업 관련단체와 교육단체 28개가 모여 '농어촌 교육발전 특별법 제정을 위한 서명운동 선포식'을 했다. 내가 공동대표로 있는 전국귀농운동본부도 참여했는데, 그것은 귀농·귀촌을 희망하는 많은 사람들이 자녀 교육 문제를 가장 중요하게 여긴다는 것을 알기 때문이다.

이 법안은 얼마 전 민주당의 이낙연 의원이 대표 발의하고 남인

순, 전순옥, 박민수 의원 등 33인이 공동 발의한 것으로, 현재의 농촌문제를 풀어 가는 중요한 고리들을 포괄하고 있다. 가장 눈에 띄는 것은 면 단위마다 1개씩의 농어촌학교를 운영하고 농어촌 특색을 살리는 교육과정을 신설하여 방과후학교 지원 강화, 마을 단위 공부방 제공, 시설 환경의 개선 등을 담고 있다. 법 15조에는 농어촌 주민을 위한 다양한 교육과정을 운영하는 것으로 되어 있다. 바야흐로 학교가 마을 속으로 들어가겠다는 것이 명문화된 것이다. 온당한 얘기다. 학교가 주민의 일상 속에서 함께 숨 쉬어야 한다. 삶의 일상과 결합된 교육, 그것이 살아 있는 교육이다.

이외에도 다들 기피하는 농어촌학교 교사들에 대한 특별 임용과 혜택이 보장되어 있고, 더구나 농어촌 지역 출신 임용 대상자에 대해서는 별도의 기준을 정해 혜택을 주고 있다. 농촌이 스스로 선순환하는 기틀이 될 수 있는 조항이다. 법 20조에 나오는 학생들에 대한 지원 항목에서는 상급 학교 진학 혜택에서부터 통학 수단과 건강보건 지원 사항까지 다루고 있다.

농촌을 살리는 것은 대한민국을 살리는 것과 같다. 농촌 교육을 살리는 것이 농촌 살리기의 중심축이 될 것이다. 농촌 교육을 살리자면 이 법안이 하루빨리 제정되어야 한다. 시·군 단위 교육지원청을 중심으로 농민단체와 교육 공동체들도 서명운동 선포식을 열어 장터와 마트에서, 농협에서 서명을 해 나갔으면 한다. 우리 선조들은 대가 끊기는 것을 가장 염려했다. 우리 농촌도 대를 잇기 위한 농어촌교육의 획기적 개선에 농민들이 나서야 하겠다.

-⟨한국농어민신문⟩, 2013년 9월

농촌 도로, 3차선은 어떤가?

24호 태풍 다나스가 온다는 소식에 어젯밤에는 아랫마을 윗마을에서 밤늦도록 콤바인 돌아가는 소리가 들녘을 가득 채웠다. 비가 오기 전에 나락을 베기 위해서다. 밤이 되자 농촌의 좁은 2차선 도로에서는 굼벵이 같은 농기계와 총알 같은 차량들이 어둠 속에서 '아차' 하는 순간들을 수도 없이 맞이했다. 앞으로 10월달 내내 농촌의 도로는 농기계 사고가 줄을 이을 것으로 보인다. 그럴 수밖에 없는 것이 농기계에는 안전장치도 미흡할뿐더러 농부들이 대개 연로하여 위기 순간의 민첩성도 모자라고 농기계 조작은 큰 힘을 필요로 해서 순간 조작도 어렵기 때문이다.

경찰청 자료를 보면 2012년에 100건당 농기계 교통사고 사망자 수는 20.4명으로 전체 교통사고의 치사율 2.4명에 비해 무려 10배 정도 높은 실정이다. 끔찍한 수준이 아닐 수 없다. 어떤 부문의 사망률이 평균치의 10배가 된다는 것은 전쟁이 아니고서는 있을 수 없는 일이다.

농기계 교통사고의 월별 분포를 보면, 농번기인 5월과 10월에 전체 사고가 집중되고 있는 것으로 나온다. 시간대별로는 농기계가 빈번히 이동하는 오전 8~10시와 오후 4~6시에 집중되고 있고 야간에도 빈도수가 높다. 그러니까 농사철의 농촌 도로는 또 하나의 전쟁터가 된다고 해도 과언이 아닌 것이다.

이 문제를 놓고 농촌 도로 3차로 방안을 검토할 수 있지 않을까 싶다. 지금까지는 도로상의 농기계 사고 예방을 위해 농기계를 취급할 때 안전 수칙을 제대로 지키게 계몽하거나 야광 반사판 또는 방향지시등을 달게도 했다. 그러나 근본 대책은 되지 않았던 것으로 보인다. 태풍이 몰려오거나 장마가 시작된다고 하면 안전 수칙을 제대로 지킬 수가 없다. 밤을 새면서라도 처리해야 하는 농사일이 있는데, 어떻게 안전 수칙대로 일을 할 수 있겠는가. 농번기의 밤낮 없는 농사일에 적절히 쉬어 가며 일을 하라는 권고 역시 하나마나한 이야기가 된다. 야광 반사판이 없다고 농기계를 끌고 나가지 않을 수도 없다.

그래서 3차선 농촌 도로 얘기가 나오는 것이다. 아예 근원적으로 농사철 농기계 교통사고를 막아 보자는 취지다. 농촌 도로를 3차선으로 만드는 것은 농기계 이동 전용 통로를 확보한다는 차원을 넘어서서 새로운 교통수단의 등장을 기대할 수도 있을 것으로 보인다. 농촌 도로 3차선 중 2차선은 차량의 주행 차선이 될 것이고 나머지 한 차선은 농기계나 자전거, 또는 인도 구실을 할 수 있을 것이다. 시골 도로는 거의 다 인도가 없다. 우리나라의 모든 길들은 사람을 위해서가 아니라 자동차를 위해 만들어졌다고 해도 과언이 아닌데 농촌은 유독 심하다.

자동차를 타는 사람 위주로 도로가 만들어지다 보니 너도나도 자동차를 끌고 나온다. 만약에 시골 도로 3차선제가 실시되어 1개 차선이 사람을 위한 길이 된다면 요즘 시골 어르신들이 애용하는 4륜 오토바이도 안전사고가 대폭 줄 것으로 보인다. 4륜 오토바이는 급회전을 하면 바로 전복된다. 차도로 달리다 보면 위급 상황을 자주 만나게 되고 그러면 급회전을 해서 인명 사고로 이어진다. 농촌 도로의 3차선제는 동남아의 '릭샤'나 자전거 등 대안 교통수단도 많이 등장시킬 것으로 보인다.

아울러 1.5차선제 도로도 적극 검토해 볼 만하다. 산골 마을에도 포장을 하다 보니 무리해서 2차선 도로를 만드는 경우가 많다. 그런 경우에 차선 밖으로는 바로 낭떠러지다. 여기에 사람은 물론 경운기까지 다녀야 한다. 왕복 차량을 만나게 되면 리어카 하나도 갈 곳이 없게 된다. 이런 곳은 1.5차선을 만들어 차량은 1개 차선만 이용하도록 할 필요가 있다. 1.5차선 도로에는 차량 피양소를 설치하여 왕복 차량이 교차하게 하면 차량의 속도를 낮추는 데도 크게 기여할 수 있을 것이다. 3차선제나 1.5차선제는 결국 농촌 도로에서 자동차보다 사람 중심의 길을 열기 위한 것이다. -〈한국농어민신문〉, 2013년 10월

무서워라, 지엠오(GMO) 벼

미국 오리건 주에서 유전자조작 밀 소동이 발생했다. 재배와 판매가 금지되어 있는 지엠오(GMO, 유전자변형 농산물) 밀이 행여 우리 식탁에 오를까 봐 오리건 주에서 밀을 수입하고 있는 씨제이(CJ)나 대한제분, 삼화제분 등 7개 업체를 우리 행정기관에서 전격 방문하여 조사를 벌이기도 했다. 유전자조작 식품 재배의 천국 미국에서조차 지엠오 밀을 금지하고 있는 이유는 유전자조작 식품의 위험성 때문이다. 사료나 부식에서는 제한적으로 허용하지만 결코 주식인 밀에는 허용하지 않고 있는 것이다.

그런데 얼마 전에 농촌진흥청에서 유전자조작 벼 생산에 성공했다고 대대적으로 보도가 되었다. 한국인의 목숨과도 같은 쌀(벼)의 유전자를 조작했다는 것인데, 벼의 물바구미 피해를 줄이기 위해서라고 한다.

이번에 발표된 벼물바구미 저항성 벼는 미생물인 바실러스균에서 살충성 유전자를 뽑아내 식물 형질로 변환해서 벼 유전자에 삽입한 것이다. 종이나 속이 다른 것도 아니고 아예 계가 다른 동물성 유전자를 식물에 주입한 것이니 그 용맹스러움이 어디서 비롯되었는지 아연할 따름이다. '신의 영역'에 함부로 손을 대는 그들의 만용이 두렵기만 하다.

유럽연합은 왜 그 많은 유전자조작 식품 중에서 역내 재배는 '810 옥수수'와 '암플로라 감자' 단 두 개만 허용하고 있을까? 미국이 왜 몬산토 같은 거대 곡물상의 로비에도 불구하고 끝내 밀의 유전자조작 재배를 불허하고 있을까? 다른 이유랄 게 없다. 밥상의 안전성 때문이며 유전자조작 식품에 내재된 위험성 때문이다.

농진청이 몇 년 전에는 바닷물고기 넙치의 유전자를 딸기에 주입하더니 이제는 쌀까지 손을 대고 말았다. 끔찍한 일들의 연속이다. 지구 생태계를 보거나 문명사적 흐름을 볼 때 전혀 지속 가능하지 않을 일들을 벌인다. 물바구미 저항성 지엠오 벼의 심각한 문제는 우리의 주식(쌀)을 오염시켰다는 것이다.

지엠오 식품이 어떤 문제를 일으킬지 다들 두려움에 싸여 지켜보고 있는 터에 어떻게 우리의 주식인 쌀을 지엠오로 만든다는 발상을 했을까? 사기업도 아닌 국가기관에서 말이다. 시민들이 생체실험 대상이라도 된단 말인가. 논란이 진행 중인 사항, 더구나 시민의 생명이 걸린 밥상 논란이 계속되는 사안에 대해서는 신중하고 신중해야 할 것이다.

유전자조작 벼는 재배 과정에서 변종을 유발하여 생태계를 어지럽히고 자연수분 작용으로 원하지 않는 주변의 논까지 오염시킬 것이 분명하다. 우리나라에는 몇 년 전부터 각종 유전자조작 콩과 옥수수가 수입 과정에서 하치장과 수송 트럭의 이동 경로를 따라 광범위하게 번식하고 있는 것이 확인되고 있다.

이런 위험성을 제거하기는커녕 시민의 주식인 벼에다 유전자조작을 시도하는 정부는 제정신이 아니라고 할 수밖에 없다. 그렇잖아도 허술한 국내의 유전자조작 식품 관련 규제를 강화해야 할 처지인데도 불구하고 말이다.

당장 슈퍼잡초만 봐도 그렇다. 제초제를 치고 제초제 저항성 유전자조작 식품을 재배하는 과정에서 잡초들이 내성이 생기면서 슈퍼잡초들이 왕성하게 번지고 있다. 그래서 더 독한 제초제를 만들어 뿌리고 있다. 이런 악순환이 꼬리를 무는 사이 자연계는 무차별적으로 파괴된다. 이미 슈퍼잡초가 아니라 슈퍼버그가 생겨나고 있다. 살충제 내성 유전자조작 식품의 재배와 살충제의 마구잡이 살포로 살충제 내성 벌레가 생겨난 것이다.

벼물바구미 저항성 벼는 필연적으로 슈퍼벼물바구미를 탄생시킨다. 자연생명계는 연구실의 그래프처럼 그렇게 간단하지 않다. 벼물바구미 저항성 유전자조작 벼를 만들어 놓고 이것이 폭탄인 줄 모르고 농약 살포를 몇 퍼센트 줄이게 되었느니, 노동력을 몇 억 원어치 절약하게 되었네 하는 탁상공론을 중지하고 땅을 살리고 자연계를 복원하는 농사법을 연구할 때라고 본다.

　최근에 농업의 6차 산업화를 강조하고 있지만 사실은 전자, 기계, 화학, 건축 부문에서 돈벌이를 할 뿐, 농부들의 소득이나 삶의 행복과는 무관하다. 유전자조작 벼의 탄생도 마찬가지다. 그 수익을 챙기는 사람들은 농부들이 아니다.

-〈한국농어민신문〉, 2013년 11월

초여름의 황금들판

이슬이 깨이는 오전 10시경이었다. 필자는 사흘째 야생 쑥을 채취하는 중이었다. 음력 5월 5일인 단오를 즈음하여 가장 약성이 좋은 시기에 쑥차를 만들고 쑥 효소를 담기 위한 작업은 매년 되풀이된다.

그러나 농촌 마을의 고요한 평화도 잠시, 요란한 기계음이 들리기 시작하더니 농약 냄새가 우리 집과 밭으로 날아들기 시작했다. 스피드 스프레어(SS) 고압 방제기가 근처 자두 과수원에 농약을 살포하기 시작한 것이다. 이 승용 방제기는 초고속으로 고압의 농약을 살포하는 기계다. 알피엠(rpm 분당 회전수)이 1800에서 2000까지 되다 보니 과수원뿐 아니라 주변 농장과 농가에까지 막무가내로 농약을 무상(?)으로 선물한다. 차단막도 없이 마구 살포하다 보니 대책이 없다.

외지에서 이 살포기를 끌고 온 기업형 농부는 노령화된 농촌의 농지들을 사냥하다시피 저렴하게 얻어서는 10년이나 20년 계약을 맺고 과수 농사를 한다. 살충제와 살균제는 물론 제초제까지 뿌리니 주변의 잡초는 그야말로 초토화된다.

요즘 시골 풍경을 유심히 살펴보면 누구나 쉽게 발견할 수 있는 기막힌 현실이 있다. 누런 황금들판이 그것이다. 가을도 아닌 초여름에 들판이 누렇게 변해 있다. 벼를 심는 논두렁은 물론이고 고추나 감자밭 역시 독성 강한 제초제 덕분에 신록의 싱그러움은 옛말이고 뿌리째 말라죽는 잡초들의 비명이 요란하다.

최근에는 우리 지역 농협에서 고압 방제기도 성에 차지 않는지 항공 방제를 시도하고 있다. 일손이 없다는 구실로 시도하는 대책이라지만 끔찍한 자해 행위다.

중국의 런민(인민)대학 원톄쥔 교수는 『백년의 급진』이라는 저서에서 북한의 기아와 황폐화된 농업에 대한 새로운 진단을 내린 적이 있다. 북한의 몰락은 이데올로기 때문이라기보다는 농업의 공장화라는 것이다. 70년대에 진행된 과도한 과학농업 즉, 농업의 산업화가 오늘의 북한이 굶주리게 된 가장 큰 원인이라고 진단한다.

일찍이 북한은 전 지역을 거대 규모의 농장으로 재편성했고 대형 기계와 화학약품들이 농장의 일손을 대신함으로써 소비에트 연방이 무너지자마자 석유 공급이 막히는 순간 농장이 폐허로 변했다는 것이다. 그 결과는 국가의 몰락이었다. 석유로 농기계와 농약과 비닐을 만들다가 석유가 끊기자 농장 역시 멈춰 버린 것이다. 오이시디(OECD) 국가 중 농약 살포와 과다 투입 농업이 으뜸인 대한민국의 암울한 미래를 암시하는 건 아닌지 두려울 뿐이다.

대형 농기계와 농약의 출현은 전쟁 무기를 만들던 회사들이 전쟁이 끝나자 새로 눈독을 들인 곳이 농촌이었는데 무기 공장이 농기계 회사로 전환했고 화학무기 재료인 질소를 비료로 바꿔 생산한 데서 비롯된 것이다. 독가스를 만들던 무기 공장에서는 제초제, 살충제를 생산하기 시작했다. 지엠오(GMO)와 농약 생산으로 물의를 빚는 '듀퐁'이나 '몬산토' 역시 마찬가지다. 이때부터 대공장주와 결탁한 정부는 농업을 산업화하기 시작했다. 농민은 도시로 빼내서 산업예비군으로 만들었다.

농기계와 함께 진행되는 규모의 농사는 품앗이와 공동 농작업을 없앴다. 농촌에 이웃이 사라진 것이 이 때문이다. 농민은 농산물을 팔아 농기계 값과 농약 값 내면 남는 게 없다. 요즘 농민들이 파산하는 것은 거의가 다 공장형 농사를 지은 탓이다. 장기저리 농자금은 가져다 쓸 때는 공짜 같지만 원금 상환이 시작되는 즈음에 농민들을 농협의 노예로 전락시킨다.

기계농과 화학농은 필연적으로 토양침식을 초래한다. 풀 한 포기 용납하지 않는 농지는 흙이 유실되고 사막화가 가속화된다. 땅심이 없어진 농토에는 다시 과도한 화학약품이 투하된다. 올해는 유엔이 정한 가족농의 해이다. 가족농은 소농을 말한다. 농사에서 기계만이 아니라 사람의 몸 노동이 일정 비중을 유지하게 하는 특단의 대책이 필요하다.

농사의 사회적 가치는 소농에서 나온다. 가족농 즉, 소농에 대한 특별한 지원이 시급하다. 그러기 위해서는 가족농에 대한 개념부터 정립할 필요가 있다. 농업 임노동을 고용하지 않고 가족 단위의 농사만을 가족농(소농)으로 봐서는 안 된다. 가족농은 전통적인 의미의 몸 노동, 축력 이용, 자연재배의 정신을 담아야 한다. 대형 농기계로 수만 평의 농사를 짓는 가족 단위 농사는 진정한 의미의 가족농이라 할 수 없다.

미국과 유럽의 대형 마트는 유기농 전문 코너를 넘어서서 가족농 전문 코너를 만들고 있다. 소규모의 몸 노동으로 생산한 농산물의 중요성을 인식하기 시작한 것이다. 우리나라도 농업정책에서 보조와 지원으로 소규모의 자연재배 농사에 주의를 기울여야 할 때다. 이런 주장을 하는 것은 거대 농기계와 화학농약은 토양을 망치는 데 그치지 않고 사람의 밥상을 공격하고 있기 때문이다.

-⟨한국농어민신문⟩, 2014년 5월

사라져 버린 농촌다움

오래전에 일본으로 전통 농업과 도시 농업 연수를 갔던 적이 있다. 일본의 금싸라기 땅 동경 시내 복판에 수천 평 이상 되는 농지가 여러 개 있었다. 농장 복판에 가 서니, 도시의 건물들이 하나도 안 보일 정도였다. 도시 농업의 현장이었다. 도시 농장을 분양받은 시민들이 여기 와서 비로소 아파트 옆집 사이라는 것을 확인하는 경우가 많았다고 한다. 밀집된 아파트 단지 안에 논을 만들어 한여름 저녁에 손주 손목을 잡고 개구리 울음소리 들으러 논가에 모여드는 아파트 주민들 이야기는 감동이기에 앞서 자연과 멀어진 현대 문명에 애잔한 마음을 갖게 한다.

농기계와 대규모 화학농업은 이웃을 다 빼앗아 가 버렸다. 시골에서는 옆집 숟가락 숫자까지 안다는 옛말은 말 그대로 옛말에 불과하다. 선팅이 된 승용차 문을 꼭 닫고 마당까지 들어가는 요즘, 시골에서는 옆집에 객지 나간 아들이 여름휴가를 왔는지, 손님이 와 있는지 모른다.

이웃 사이에 정이 사라지고 공동체 마을이 해체된 데에는 기계화와 농약화에 따른 농업 방식 변화가 크게 작용하였다. 농촌의 농촌 다움은 인간의 노동과 자연이 직접 대면하는 데 있다. 인간 노동과 자연 사이에 수동 농기구 말고 대형 농기계들이 끼어들면 농촌 본연의 맛은 변질된다. 체험학습 온 학생들과 연수 프로그램에 참여한 도시민들을 기를 쓰고 손발에 흙을 묻히게 하려는 것은 농가 일손은 돕지 못할망정 멀어진 자연과의 거리를 한순간이라도 단축시켜 보고자 하는 노력의 일환이다.

-〈대산농업문화〉, 2016년 봄호

소농은 혁명이다

평소 존경하는 사람이 얘기를 할 때면 귀를 쫑긋 세우고 듣게 되는데, 글을 대할 때도 마찬가지다. 그래서 지금도 기억한다. 김성훈 선생 얘기다. 참여 정부 때 농수산부 장관을 지냈지만, 훨씬 그전에 이분과 만났고 몇 번 만나지 않아 좋아하게 되었다. 1993년쯤에 우리쌀지키기운동본부 일을 할 때 서울역 집회장에서 처음 만났던 걸로 기억되는데, 그때는 중앙대학교 부총장인가 하는 자리에 있을 때다. 수수한 풍모가 시골 아저씨 같아서 편안한 분으로, 특히 눈이 들판에 서 있는 허수아비 같이 유순해서 더 그렇다. 유머와 비유도 최고 수준이다.

그분이 이런 말을 한 적이 있다. 우리나라 농업을 빨리 망하게 하는 세 가지 비법이 있다면서 농지 소유를 자유롭게 하는 것이 첫째라고 했다. 농사를 짓건, 안 짓건 아무나 농지를 사고팔 수 있게 하면 우리나라 농업은 금방 망한다는 것이다. 둘째는 외국 농산물을 마구 들어오게 하는 농산물 시장 개방이라고 했다.

이 얘기를 한 때가 이명박 정부 초기였는데, 당시 정부의 농정 기조가 바로 이랬다. 정부의 어떤 관료는 농업이 망해도 농민 문제는 복지 정책으로 풀면 된다고 말하기까지 할 정도였다. 복지 정책으로 농민 문제를 푼다는 것은 농민 다수를 농사에서 노골적으로 퇴출하겠다는 것인데, 이때 먼저 퇴출당하는 농민이 바로 소농이다.

쌀 소득보전 직불금만 해도 그렇다. 매년 달라지는 지급 대상자와 대상 농지 기준은 오로지 지급 대상을 줄이는 데 있는 것으로 보인다. 지급 금액도 계속 낮아진다. 한마디로 농사짓지 말라는 것이다. 누가? 늙은 사람, 땅 적은 사람, 돈을 많이 동원할 수 없는 사람, 대형 농기계를 쓰지 않을 사람, 바로 이런 사람들은 농사 그만 지으라는 것이 정부의 변함없는 농업정책이다.

요즘은 농민 개인에게 지원되는 농자재와 농자금이 거의 끊겼다. 농업회사 법인이나 영농조합 법인으로 대상을 바꾸었기 때문이다. 작년부터는 농업경영체 등록이라는 것을 해야만 예취기 면세유라도 받지, 안 그러면 아예 농사짓는 것 자체가 어려워진다. 오죽하면 정부 공식 호칭에서 농민이라는 말도 사라지고 농업인 또는 농업경영인이라 부르겠는가.

정부에서 하는 영농 관련 시책에 제안서를 내려 해도 마찬가지다. 가족 단위의 소규모 농사꾼은 대상에서 제외된다. 이런 정책은 이명박 정부에 들어와서 좀 더 심해졌을 뿐이고 참여 정부뿐 아니라 김대중 정부 때도 그랬다. 아니, 대한민국이 생기고 나서 줄곧 그래 왔다. 그 덕분에 대한민국의 농토는 꽉 줄어 버렸다. 농민 수도 줄었다. 농가 소득과 도시 근로자 가구 소득과의 격차도 계속 벌어졌다. 뭐 하나 나아지는 건 없고 농가 부채만 늘었다. 재미있는 것은 농업에 엄청난 돈을 쏟아부어 왔는데도 이렇게 되었다는 것이다.

김영삼 정부 때는 농업구조 개선사업이라는 이름으로 42조 원이나 농업에 투입했다. 많은 사람들이 향수를 가진 노무현 정부는 '헥타르(ha) 7만 농가 육성'이라는 기치를 내걸고 119조 원을 농업농촌 종합대책으로 내놓았다. 억 단위가 아니고 조 단위다. 그 돈들이 다 어디로 가고 농민들은 부채가 늘었을까? 그 돈들은 대부분 기업들에게로 갔다. 특히 대기업들, 기계공업, 전자공업, 석유화학공업, 제약회사, 석유회사에 갔다. 제약회사로 농업지원금이 갔다고 하면 다들 고개를 갸웃할 것이다. 그 내막을 알면 기가 막힐 뿐이다. 농업 정책자금이라는 이름으로 된 돈들은, 거의 다 농민들은 이름만 빌려 주는 꼴이 되고 돈은 기업들에게 가는 방식이라 해도 과언이 아니다. 예나 지금이나 시골 촌놈 등쳐 먹는 세상은 변하지 않고 있다. 방식이 달라졌을 뿐이다.

겉으로는 농사짓는 사람도 자가용 굴리고 대형 농기계로 힘든 농업 노동을 대체하고 있어 번지르르해 보이지만 알고 보면 속 빈 강정과 같다. 대기업과 관료, 사기꾼들 배만 불리는 시스템은 더 교묘하게 강화된 것으로 보인다. 농사 판이 중공업화가 되어 버려서 그렇다. 대형 농기계, 시설농사, 비닐멀칭(비닐 바닥덮기), 석유화학 제품으로 된 농자재, 석유에서 뽑아내는 비료와 농약 등등 농업의 공업화는 예를 들기에도 끝이 없다.

이 과정이 소농의 축출 과정이다. 농어촌의 지자체들이 연소득 1억 원 이상의 농가 만들기에 혈안이 되어 있다. 가족 노동력 중심의 소농은 안중에 없다. 농식품부 발표에 따르면, 2011년에 1억 이상의 소득을 올린 농가가 1만 7천여 호에 이른다고 한다. 2억 원 이상 소득 농가도 760호나 된다고 자랑이다.

이런 농업정책은 농업을 경쟁력 강화, 농사 규모 확대, 기계화, 첨단 과학화 등의 관점으로 바라볼 때 나온다. 소규모 가족농은 생산비는 높고 생산성은 낮다는 평가도 같은 논리에서 비롯된다. 농산물 수입을 전제하고서 시장 개방을 기준으로 삼고 있는 아주 단순한 생각이다. 과연 그럴까?

물고기 유전자로 딸기를 키우다

작년 봄, 농업 관련 신문에는 놀라운 소식이 실렸다. 바다 밑 1천 미터 아래 차가운 물속에 사는 물고기 유전자를 딸기에 이식해서 딸기가 냉해를 입지 않게 되었다는 보도였다. 겨울철 딸기 생산에 연료비가 절감된다는 설명도 덧붙여져 있었다. 우리 농업의 현주소와 잘못된 먹을거리의 범람을 단적으로 보여주는 소식이었다.

우리가 지엠오 식품을 멀리하는 이유가 뭔가. 유전자가 변형된 식품을 먹는다는 건 나중에 어떤 변이를 일으킬지 모르는 시한폭탄이기 때문이다. 일반적인 육종과는 달리, 지엠오는 다른 종류의 생물들을 교합시킨 것이기 때문이다. 잡초와 콩, 옥수수와 바이러스 등을 실험실에서 인위적으로 교합시킨 것이다.

가장 많이 재배되는 비티옥수수는 '바실루스 투링기엔시스'라는 토양박테리아를 옥수수 속에 집어넣은 것인데, 이 박테리아는 벌레를 죽이는 독성이 있다. 그래서 벌레들이 감히 옥수수에 달려들지 못하게 된다. 이런 옥수수를 사람이 먹으면 어떨까? 아무 문제가 없다는 게 이 종자를 만들어 낸 초국적기업 '몬산토(Monsanto)'의 주장이다. 지엠오 옥수수는 과자나 양념, 간장 등으로 변신하여 우리 밥상을 점령한 지 오래다. 사료로 만들어진 것은 축산물을 통해 우리 입으로 들어온다.

이 문제의 심각성은 '생물 농축'에 있다. 수은이나 카드뮴, 납 등의 중금속과 디디티(DDT), 비에이치시(BHC) 등의 농약, 합성수지 성분인 피시비(PCB)는 자연 속에서 분해되거나 배설되지 않고 생체에 쌓였다가 먹이연쇄사슬을 따라 상위 개체로 이동하는데, 먹이사슬의 위쪽으로 갈수록 농축 비율이 급격히 높아져 심각한 장애를 일으킨다.

토양이 오염되면 풀이 오염되고, 풀이 오염되면 초식동물이 오염되고 육식동물도 오염된다. 마지막으로 육식하는 사람에 이르면 수천 배로 오염도가 높아지는 것이다. 오염 물질이 분해되거나 배설되지 않기 때문이다. 4단계 먹이사슬을 거치는 동안 농축도가 1천 배 높아진다는 보고가 있다. 농약류와 합성수지류는 뇌종양, 뇌출혈, 위장장애, 근육마비 등의 원인이 되는 것으로 알려져 있다.

이같이 경쟁력과 효율성, 시장경제를 우선시하는 농업의 일그러진 실태는 부지기수다. 종이 다른 식물과의 교합은 물론, 바이러스와 교합된 유전자조작 옥수수도 회피하는 마당에 물고기의 유전자를 떼어다 딸기에다 집어넣었으니 그 딸기를 먹으면 우리 몸속에서 몇 년에 걸쳐 무슨 일이 생길지는 아무도 모른다.

음력으로 8월 15일인 추석을 앞두고 벌어지는 기막힌 사과 농장의 현실을 보자. 추석 전에 사과를 출하하기 위해 사과밭에 지베렐린(Gibberellin)이라는 성장촉진제를 쓴다. 작년에는 농식품부 장관이 나서서 공공연하게 농가 소득을 올린답시고 지베렐린을 살포하라고 촉구해서 논란이 일기도 했다. 지베렐린이 무엇인가? 성장촉진제인데 벼의 키다리병을 일으키는 병원균에서 만들어 낸 것이다. '지베렐라 푸지크로이(Gibberella Fujikuroi)'라는 병원균을 배양해서 만든 농약인 것이다.

현대 농업에서는 온갖 화학물질을 이용하여 식물의 성장을 조절

하는 장치들을 만들어 쓴다. 씨 없는 포도도 앞서 얘기한 지베렐린으로 만든다. 시클라멘이라는 개화촉진제로 꽃을 강제로 피우게 한다. 담배 농사를 지을 때 겨드랑이눈 억제제로 말레산히드라지드라는 약물을 쓰는데, 이 약물에는 두통, 현기증, 말초신경염, 간 장애 등의 부작용이 있다.

동물은 어떨까? 소와 돼지도 이시엑스(EC-X)라는 발정제를 사용해서 억지로 새끼를 배게 한다. 발정제를 투약해서 발정을 하면 그때 수놈 정액을 주입해 인공수정을 하는 식이다. 그러니 이 동물들은 인간의 돈벌이 때문에 세상에 태어나 죽을 때까지 짝짓기 한번 못해 보고 일생을 마친다. 인간의 야만이 다른 생명 종에까지 광범하게 행해지는 현실이다.

농사에 쓰이는 화학물질 계열에서 카바릴 수화제라는 적과제를 빼놓을 수 없다. 적과제는 과수밭에서 열매를 솎아 내는 약물이다. 손으로 꽃을 따 주어야 열매가 적당히 열려 굵어지는데, 일일이 손으로 따 줄 수가 없다 보니 농약을 쳐서 이제 막 맺히기 시작한 열매를 죽여 버리는 것이다.

이 모든 게 생산성과 경쟁력을 높이기 위한 농법들이다. 돈벌이가 목적인 농업이다. 이런 농산물을 먹은 사람들 몸에 당장 무슨 일이 생기는지, 내일 이 땅에 무슨 일이 벌어지는지 관심도 없고 알 바도 아닌 그런 농업이다. 요즘 같은 봄철에 나는 딸기를 마트에서 사

보면 아이들 주먹만큼이나 크다. 붉기는 어쩌나 붉은지 붉은색 물감을 칠해 놓은 것 같다. 볼레로, 엘란, 플라멩코 같은 비닐하우스에서 공장식으로 생산한 개량종 딸기들이다.

모든 종자 개량의 목표는 동일하다. 크게, 달게, 균일하게, 생육 기간을 짧게 하는 게 목표다. 이 목표를 달성하면 우량 종자가 되는 것이다. 생산성과 경쟁력이 있는 농산물이 되기 때문이다. 그러다 보니 다른 요소는 부차적이다. 허약하기 짝이 없는 종자가 된다든가 물 비료를 계속 줘서 키워야 된다든가 하는 요소들은 비용개념으로만 취급된다. 비료도 일종의 성장 촉진 약물이다. 성장이 빨라야 생산 기간이 단축되어 비용이 절감된다. 완전히 공장 논리다. 생명이라는 개념은 없다.

덩치가 큰 데다 빨리 성장하다 보니 허약하다. 살충제와 살균제 농약을 먹고 자랄 수밖에 없다. 여기에 그치지 않는다. 농약의 지속성을 높이기 위해 유착제도 뿌리고 색깔을 좋게 하려고 착색제도 뿌린다. 벌이만 좋다면 비용이 더 드는 것은 얼마든지 감수한다. 이런 화학농법으로 생산한 농산물이 사람의 몸에 이로울 리 없다.

문제는 언제까지 이런 농법이 지속 가능한가라는 점이다. 이미 끝났다고 본다. 관변 학자들마저도 더 이상 통할 수 없는 농사법이라고 지적한다. 우선, 땅이 다 망가진 점을 든다. 대형 농기계를 사용하다 보니 땅이 굳어 버렸다. 이를 경반층이라고도 하고 비독층이라고도 한다. 10여 톤에 이르는 대형 농기계가 계속 짓누르고 다니다 보니 트랙터의 삽날이 헤집고 들어가는 30센티미터 정도 아래에는 바위보다 더 딱딱하게 다져져서, 공기도 안 통하고 배수도 되지 않을뿐더러 뿌린 농약이나 비료가 그곳에 고여 있게 된다. 경반층과 비독층을 제거하지 않고서는 품질 좋은 농산물을 생산할 수가 없다.

땅이 죽으면 농사는 끝이다

화학농법은 토양 유기물을 남기지 않으며 토착미생물도 다 죽어버려서 결국 땅을 죽게 만든다. 땅이 죽으면 농사는 끝이다. 유기물이란 미생물 활동에 의해 분해가 되는 것으로 분해가 되면 식물의 먹이인 무기질이 되는 원료이기도 하다. 각종 농사 부산물인 콩대, 옥수숫대, 깨대, 콩깻묵, 어분, 비지, 부엽토, 미강 등과 톱밥, 왕겨, 가랑잎 등이 다 토양 유기물이다. 이런 유기물이 풍부해야 땅을 기름지게 하는 토착미생물이 활동하기 좋다.

이 부분에서 토착미생물의 역할과 기업형 화학농업과의 관계를 살펴볼 필요가 있다. 토착미생물이 작물에 주는 영향력은 실로 엄청나다. 미생물 얘기를 할 때는 콩과식물과 뿌리혹박테리아와의 공생 관계를 예로 드는 경우가 많다. 토끼풀이나 콩, 팥, 싸리나무 등이 다 콩과식물인데, 이런 작물의 뿌리에 들어온 박테리아는 숙주 식물의 영양분으로 살아가고 대신, 공기 중에 81%나 있는 질소를 끌어당겨서 뿌리가 먹기 좋은 유기질소로 바꾸어 식물에 제공한다. 그런데 농기계를 들이대고 농약을 치면 이 모든 것들이 다 죽는다.

유기물이 많고 미생물이 잘 살고 있어야 흙이 떼알 구조가 되어 작물이 잘 자랄 수 있는 토대가 되는데, 정반대쪽으로 가기만 하니 땅이 죽어 조금만 비가 와도 토사가 지고 습해 장애도 일으키고 가 뭄을 탄다. 떼알 조직으로 된 흙이란 습기를 보존하면서도 배수도 원활하게 하는 이중적인 모습을 연출하는 흙을 말한다. 이런 흙은 통기성도 좋아 작물 뿌리에 산소를 잘 공급한다. 바로 유기물과 미 생물이 흙을 살아 있게 하는 것인데, 현대 시장 논리에 포박된 생산 성 중심의 농업은 이 모든 것을 포기하고 있다.

땅이 죽으니 죽은 땅을 부축해서라도 농작물을 생산하기 위해 시 설농사라는 비닐하우스가 등장한다. 처음에는 온실효과를 노리고 비닐하우스를 만들었으나, 이제는 자연 상태에서는 스스로 자랄 수 있는 능력을 완전히 상실한 작물들을 모아 놓고 처음부터 끝까지 인위적인 조작과 조절을 통해 농산물 생산이 이뤄지는 공간이 되어 버렸다.

비닐하우스 덕분에 한겨울에 오이도 먹고 딸기도 먹고 채소도 먹 는다. 그런데 새파란 겨울 채소를 절대 먹지 말라고 경고한다. 채소와 과일과 견과류는 건강의 기본인데 채소를 먹지 말라니? 싱싱하다 못해 퍼런 상추가 겨울 식당에 삼겹살과 함께 오르기 일쑤다. 절대 먹어서는 안 되는 이유가 뭘까? 질소 과다 식품이기 때문이라는 것이다. 발암물질이라는 연구 결과가 나왔다. 색이 진하고 윤기가 나며 보기도 좋은 이런 엽채류들은 질소비료를 액상 상태로 줘서 키운 비닐하우스 출신이다. 이게 침과 섞이면 아질산염(NO2, 질산태질소)으로 바뀌고 몸속에서는 메트헤모글로빈이라는 효소로 변하는데, 이는 혈액의 산소 운반 능력을 없애 버린다. 그래서 산소결핍증이 생긴다. 채소를 먹는데 이런 일이 생기다니? 경쟁력 중심의 농업, 생산성 중심의 소득 증대 농업이 저지른 자살골들이다.

회식 때 이런 질소 성분 많은 채소와 삼겹살을 먹는 것은 그야말로 자살행위다. 채소류의 질소 함량이 500피피엠 이상이면 위험하다고 하는데, 우리나라 비닐하우스 겨울 채소들은 2,000~6,000피피엠을 웃돈다는 보고가 있다. 10,000피피엠에 이르는 경우도 있다고 한다. 이건 짐승도 못 먹는 폐기 대상이지만 버젓이 밥상에 오른다. 망가진 땅은 망가진 먹을거리를 만들 뿐이다.

망가진 땅 다음으로 지적되는 것은 석유 문명의 종말이다. 성인 한 사람이 200일 동안 해야 하는 농사일을 단 16시간으로 단축시킨 것이 석유다. 석유 한 숟갈이 성인 남자 1시간 노동량이라고 하니 보통 생활수준의 현대 가정들이 평균적으로 노예 50명씩 거느리고 사는 것과 같다는 지적은 석유 문명에 도취한 현대 물질사회를 잘 드러낸다.

학자들 간에 이견은 있으나 대략 석유 총 매장량은 2.2조 배럴이라고 한다. 퍼 쓸수록 매장량은 줄다가 끝내 사라질 것이다. 한정되어 있는 자원이기 때문이다. 일일 생산 최대치를 석유정점이라고 하는데, 이것이 몇 년 전에 지났다는 게 정설이다. 석유 문명의 종말과 함께 우리의 농업도 과거로 회귀할 것이 분명해 보인다. 석유에 의존하는 지금의 농사가 결코 계속될 수 없다는 사실에서 우리는 소농을 경건하게 떠올리게 되는 것이다.

소농운동은 새로운 문명운동이다

자연은 힘이 세다. 힘이 셀 뿐 아니라 신비하다. 자연이 가진 복원력, 치유력, 회복력은 인간의 어떤 약물도 따라갈 수가 없다. 사람도 자연 상태에 보다 가까워지면 병도 없고 갈등도 없다는 주장까지 있을 정도다. 바로 이것이다. 소농 말이다.

자연에 살며시 얹혀살며 자연의 복원력을 손상시키지 않는 범위 내에서 짓는 농사가 소농이다. 이 얘기를 하려고 현대 농업의 반자연성, 중화학공업화를 길게 얘기했다. 부메랑이 되어 제 발등 제가 찍는 꼴이 되어 있는 문명병이라고 할 수밖에 없는 현실에서 농업도 예외가 아님을 역설한 것이다.

최근에는 빌딩농업, 식물공장이라 하여 아예 땅을 버리고 수경재배를 통해 어떤 계절이건, 어떤 기상이변이 오건 관계없이 일정한 수량의 청정 농산물을 생산해 낼 수 있게 된다고 주장하는데, 이런 소식을 듣다 보면 농사의 끝장을 보는 기분이다. 농사는 그것의 이른바 다원적 가치 때문에 천하의 근본이라 했거늘, 망가진 흙에 사죄하고 이를 살릴 생각은 않고 빌딩을 지어 농사짓겠다면 농사를 통해 얻는 자연정화라든가 정서적 순화, 수자원 보전 등의 다원적 기능을 포기하는 셈이다.

소농은 철 따라 씨앗을 뿌리고 그 지역의 제철 음식으로 밥상을 차리며 핵에너지나 석유에너지 의존을 줄이거나 벗어나서 몸에너지, 자연에너지, 가축에너지를 더 소중하게 여기는 농사법이다. 혹 농사 규모만을 기준으로 삼아 대농, 중농, 소농을 나누던 시절을 떠올린다면 틀렸다고는 하지 못하지만 맞는다고 할 수도 없다.

오래가지 않아 인류가 맞게 될 지구적 환경 위기 때는 농사가 무엇보다 소중해지면서 지구를 지키는 기본 산업으로서의 가치가 빛나게 될 것이다. 이를 대비하고 미리 나선 사람들이 소농들이다. 지구 위기에서 인류가 마지막으로 희망을 걸 곳은 농업과 농촌과 산촌이다. 왜냐하면 사람은 먹어야 살기 때문이다. 사람이 사는 데 있어 밥과 물, 공기가 가장 필수다. 그래서 소농을 다가오는 새로운 문명의 중심이라 하는 것이다. 소농의 기본은 순환농사다. 사람, 가축, 농장, 하늘, 땅, 물, 이웃이 막힌 데 없이 잘 소통하고 순환하는 삶이다. 그래서 농사 부산물이 외부로 유출되거나 특별히 외부에서 들어올 필요가 없다. 논과 밭, 식구와 이웃, 가축과 농기구 등이 균형을 잘 맞춘 농사다. 모자라서 전전긍긍하지도 않고 남아서 흥청망청하지도 않는다. 자연에서 빌려 쓰고 자연으로 돌아가는 농사다. 농사짓고 생긴 부산물은 반드시 본땅에 돌려주고, 밭과 그 주변의 식물들은 죽이거나 뽑지 말고 베어서 깔아 준다. 음식물 쓰레기와 똥, 오줌은 다시 밭으로 보낸다.

요즘 순환농사가 많이 거론되는데, 마트의 유기농 식품들처럼 돈벌이 목적으로 순환이다, 유기농이다 하면서 접근하는 대규모 농기업은 자연을 제대로 알지도 못하고 알려고도 하지 않는 경우다. 순환을 말하려면 자연에 인간의 작용력을 최소화하는 방향이어야 할 것이다. 농약과 비료만 안 하면 다 유기농이라고 생각한다면 단순한 생각이다. 순환농사는 순환의 대상과 범위, 또는 순환 주기 등을 최소 단위로 해서 설정해야 할 것이다. 순환이라는 개념을 물리적 차원에서 인문·사회적 차원까지 확대해서 접근하는 것이 진정한 소농의 정신이라 하겠다.

소농의 첫번째 정신이 순환하는 삶이라면, 두 번째 정신은 자립하는 삶이다. 자립은 자급에서 출발한다. 자급 능력이 자립의 기초가 된다. 먹을거리도, 입을 거리도, 교육도, 건강도, 놀이도, 문화도, 노동력도, 자급률을 일정 부분씩 때로는 100% 이상 확보하는 삶이 소농의 삶이다. 에너지, 물, 맑은 공기도 자급 체제를 갖추고 재난에 대비하는 체제가 소농의 삶이다. 때로는 지역 차원의 자립 품목이 있을 것이고 때로는 원거리 교환을 통한 자립이 있을 것이나 자급의 삶에 뿌리를 두고 짓는 농사가 중요하다. 농사에서 입을 거리, 집 짓기, 에너지, 건강, 교육 등이 생산되도록 하는 방식이 필요해진다. 그래서 소농은 필연적으로 공동체적 삶이다. 이것이 소농의 세 번째 정신이라 하겠다.

선한 공동체, 밥상 공동체, 수행과 함께 가는 공동체, 여민동락하는 공동체, 마을 공동체, 뜻의 공동체 등 다양한 형태의 공동체 삶을 지향하는 것이 소농의 삶이다. 공유와 사유의 대상이나 범위를 현재의 삶에 맞게 잘 조직하는 것이다. 공동체적 삶이 무너진 현대의 자본주의 삶을 극복하는 대안이다. 파편화된 분열적 삶을 관계 속에서 회복하는 것이다.

농사에도 생명 윤리가 도입되어야

미국은 농가당 경지 면적이 120헥타르다. 한국은 얼마나 될까? 1.45헥타르다. 노무현 정부 때 규모화의 목표로 삼았던 7만 가구의

6헥타르가 이룩된들 경쟁이 될 수 없다. 일본도 한 농가당 경지 면적은 1.57헥타르에 불과하다. 규모화를 통해 국제 농산물 시장 경쟁력을 높인다는 것은 공업을 위한 농업의 희생 전략을 윤색한 것으로 보인다.

농사는 그 본령이 경쟁이니 효율이니 하는 것을 중심에 둘 수 없는 특별한 영역이다. 결코 산업이 될 수 없고 되어서도 안 되는 것이다. 언젠가부터 '농민'은 사라지고 '농업인'이 되는가 싶더니 이제는 '농업경영인'이 되어 있다. 참으로 어이없는 일이다. '교육부'가 '교육인적자원부'로 되어 사람을 교육산업의 자원으로 전락시킨 것과 같다. '농사'도 사라지고 '농업'만 남았다. 농사는 하늘의 뜻을 알고 온 정성을 다하는 것이었는데, 언젠가부터 기계와 기술이 장악해버렸다. 그래서 시·군마다 '농업기술센터'가 있다.

소농은 과일나무 꽃을 솎기 위해 적과제를 뿌릴 수 없다. 적과제란 사람으로 치면 황우석의 줄기세포 파동으로 생명 윤리 논란을 일으켰던 배아체세포를 죽이는 것과 같다. 이미 생명체로 봐야 하는 아기 열매를 약을 쳐서 몰살시키는 것이기 때문이다. 가톨릭에서는 성관계 후 사후피임약 복용마저도 금하는 엄격한 생명 윤리를 채택하고 있다. 생명 존엄에 대한 진지한 태도는 동물과 가축에 대해서는 이미 꽤 진지하게 진행되고 있다. 이것이 식물에까지, 즉 농작물에까지 확대되어야 할 것이다. 사람 먹고살기도 힘든데 동물복지니 식물복지니 하는 것은 배부른 소리라고 하는 사람들이 있다는 것을 알고 있으며, 고통스럽게 살아가는 사람들이 많다는 것도 모르지 않는다. 그렇다고 이것이 배부른 소리라는 것은 잘못된 주장이다.

벌이 사라지면 인류가 4년 안에 절멸한다는 사실 앞에서 동물복지, 식물복지가 배부른 소리가 아님은 자명하다. 이것은 떠도는 인터넷 소문이 아니라 인류 최고의 과학자 알베르토 아인슈타인이 한 말이다. 오히려 복지 운운하면서 마치 인간이 시혜라도 베푸는 듯하는 표현이 어색할 뿐이다.

음식이 오염되면 사람이 죽는다. 음식은 이동 과정, 조리 과정에서도 오염되지만, 농산물 자체가 오염되어 있으면 근원적으로 오염된 것이다. 농산물은 땅이 오염되면 치명적이다. 지금 우리의 땅은 과잉영양으로 영양지수가 오이시디(OECD) 국가 중 가장 높다. 사막화가 진행되어 땅심은 사라졌고 겨우 인공시비의 영양제 투입으로 연명한다고 해도 과언이 아니다.

세상에는 이제야 겨우 밝혀지는 진실들이 많다. 돈벌이 기업들이 일단 번쩍하게 만들어서 팔아먹고 보는 식이니 그렇다. 시골집 슬레이트 지붕이 한때는 주목받던 지붕 마감재였으나 발암물질 덩어리라는 것이 밝혀져 걷어 내기 바쁘다. 건설 현장의 최고 단열재였던 석면도 그렇다. 유리섬유도 그렇다.

석유화학 제품의 대명사인 멜라민 수지 그릇이 예쁘고 견고한 데다 녹도 슬지 않는 신비한 주방 용기지만 페놀이라는 환경호르몬을 뿜어낸다는 사실이 드러났다. 테프론이라는 불소 코팅으로 만들어 눋지 않는 프라이팬도 마찬가지다. 열이 가해지고 긁혀서 코팅이 조금이라도 벗겨지는 순간 납이나 카드뮴 같은 중금속이 쏟아져 나온다. 이런 게 이제야 밝혀지고 있다. 세상에는 공짜가 없다. 지금처럼 대형 농기계와 화학약품으로 짓는 농사가 빚어내는 재앙이 하나하나 폭로되고 있다. 소농의 등장이 시대적 요청이 되고 있는 것이다.

자연과 하나인 농사가 삶이 되는

자연의 섭리를 잘 익히고 그에 따르는 농사가 소농이다. 소농은 농사 규모라기보다 농사법에 가깝다. 농사법이라고 하기보다는 삶 전체의 개벽을 암시하고 있다.

감자밭에 드문드문 울콩을 심어 공기 중의 질소를 끌어와서 거름을 삼게 한다. 가뭄이 오래되어도 식물 뿌리에 바로 물을 주지 않고 멀찍이 물을 줘서 뿌리가 스스로 물기를 찾아 뻗어 나오게 한다. 더디 자라지만 그래야 건강한 농산물이 된다. 고추 모종을 옮겨 심을 때는 이삼 일 그늘진 곳에 물도 주지 않고 놔두었다가 고추 모종의 모든 에너지가 물을 찾아 뿌리로 집중하게 한 뒤에 밭에다 옮겨 심고, 고추 심은 지 한 달 동안은 지지대에 묶어 주지 않고 스스로의 힘으로 바로 서도록 하는 게 소농의 농사법이다.

풀을 매기보다는 남은 상추 씨앗이나 호밀을 골에 뿌려 다양한 식생이 어우러지면서 잡초가 번성하지 않게 하는 식생 과학이 소농에 접목된다. 태양이 주는 풍부한 에너지로 전기도 만들고 온수도 만든다. 현재의 햇볕에너지로 농사를 짓고 과거의 햇볕에너지인 석유와 석탄, 천연가스 등에 대한 의존을 획기적으로 줄인다. 사람 몸에서 나오는 에너지를 잘 활용하여 육체노동의 신성성을 체득하면서 덤으로 건강을 챙기는 삶이 소농이다.

비닐 없이는 농사 못 짓는다는 말이 나오고 있지만 비닐 멀칭이 얼마나 땅과 작물에 해로운지를 알고 비닐로 땅의 숨구멍을 틀어막지 않는 게 소농의 농사법이다. 요즘 들판을 둘러보면 너도나도 감자 심은 곳이나 고추 심은 곳에 검은 비닐을 덮었다. 그렇게 하면 온실효과로 발육도 좋고 잡초도 안 난다. 보습 효과를 노리고 비닐을 씌울 때는 비가 온 다음 날 씌운다. 이런 견해는 한 가지는 알고 나머지는 모르는 것이다. 비닐에 숨이 막힌 땅속 생명체들은 낮에 50도 이상 올라가는 고온과 과중한 습기에 다 죽어 버린다. 잡초는 안 나겠지만 땅이 죽는다. 작물의 뿌리도 부실해진다. 밤낮의 일교차가 너무 커서 물에 잠기다시피 한 잔뿌리가 상한다.

소농은 참나무나 밤나무 등의 활엽수종이나 대나무밭 아래의 부엽토를 모아 토착미생물을 배양하여 밭에 뿌려서 밭에서 지렁이와 땅개, 거미, 무당벌레가 번성하게 한다. 하루에 자기 몸무게보다 더 많은 흙을 먹으면서 그 양만큼 배설하는 지렁이가 그 과정에서 해로운 미생물을 제거하고 일반 흙보다도 5배나 많은 질소, 2배나 되는 칼슘, 7배나 되는 칼륨을 만든다는 사실을 잘 안다.

소농에서는 고기도 즐기지 않는다. 가축이 아니라 축산이 되어버린 고기는 오염이 심해서만이 아니라 그 동물의 학대에 가까운 비참한 일생에 대한 양심 때문에 고기를 멀리한다. 해물도 비슷하다. 성장호르몬을 강제로 조절 당한 양식장의 연어는 옥수수로 만든 사료를 먹고 급성장하며 일반 연어보다 15배나 크게 자라기 때문이다. 연어는 원래 초식 물고기가 아니다. 연어는 어릴 때는 강에서 살며 물에 사는 곤충류를 잡아먹는다. 커서 바다로 나가면 동물성 플랑크톤을 먹다가, 좀 더 성장하면서 갑각류, 어류 또는 갑오징어나 꼴뚜기 같은 두족류를 먹고 사는 육식성 물고기다. 이런 연어를 속성으로 키우기 위해 유전자조작을 해서 옥수수를 먹게 한 것이다. 이런 물고기를 즐겨 먹는다는 것은 소농의 식성이 아니다. 소농은 인위적으로 가해지는 모든 돈벌이 목적의 수단들을 경계하고 배제한다.

이와 관련된 재미있는 실험 결과가 하나 있다. 일반 물고기 6만

마리 속에 유전자조작으로 덩치가 커진 물고기 60마리를 넣었던 실험이다. 유전자조작 물고기는 덩치도 크고 번식률도 일반 물고기의 4배에 달해서 일반 물고기는 점점 줄고 유전자조작 물고기가 늘더니만 겨우 5세대 만에 일반 물고기 개체 수를 추월해 버렸다. 그러나 그다음이 문제였다. 유전자조작 물고기는 성체가 될 때까지 살아남지 못하는 특징이 있어서, 특정 시점에서부터 유전자조작 물고기가 줄기 시작하더니 40세대가 되는 시점에서 모든 물고기가 멸종되었던 실험이다. 끔찍하지 않은가?

자연은 그렇게 만만하지 않다. 몬산토에서 만든 '라운드 업'이라는 고약한 제초제가 있다. 이 몬산토는 지금 우리나라에 떠도는 엄청난 괴담의 주인공이기도 한데, 삼성과 함께 새만금 부지에 세계적 규모의 지엠오 생산 기지를 만든다는 괴담이다. 그럴 듯한 말인데 진위는 여전히 오리무중이다.

정부의 골든씨드(Golden Seed) 프로젝트가 이를 부추기는 측면도 있다. 어쨌든 '라운드 업'이라는 제초제는 녹색식물은 다 죽인다. 그러나 '라운드 업 레디'라는 몬산토가 유전자를 조작해 만든 콩만이 안 죽었다. 콩 종자와 제초제가 짝을 이뤄 팔렸다. 그런데 웬걸? 슈퍼 잡초가 등장했다. 라운드 업에도 죽지 않는 잡초가 생긴 것이다. 그런데 주요 농업 지역에 출산율이 저하되는가 싶더니 암 발생률이 급증했다. 제초제와 유전자조작의 독성이 돌고 돌아 사람의 밥상을 덮친 것이다.

이처럼 자연은 그렇게 녹록하지 않다. 미국에서 생산되는 콩과 옥수수의 95%가 유전자조작으로 생산된 것들이다. 우리나라는 콩 소비량의 93%를 수입한다. 옥수수 자급률은 0.8%다. 끔찍하다.

자, 어떤가? 이래도 지금과 같은 방식의 농업을 고수할 것인가? 낭떠러지에 선 현대 농업의 현실을 알기에, 스스로의 행위가 자신을 해치는 꼴이 되는 현대 물질문명병을 알기에, 임종갑 박사 같은 농학자는 소농이 진정한 애국자고 진정한 지구 파수꾼이라 칭송하지 않았겠는가? 쓰노 유킨도 같은 일본의 농학자도 지구를 지켜 온 사람은 소농이라고 했다.

이때 뒤따르는 질문이 예상된다. 그렇게 농사지어서 먹고살 수 있겠냐고? 그래 가지고 지구의 식량난을 어떡할 거냐고? 한마디만 하고 넘어가자. 현재 전 세계의 농지 중 1/3이 동물들에게 먹일 사료작물을 재배하는 땅이다.

지난번 총선 때 녹색당은 농민기본소득제를 주창했다. 농사를 짓는 사람들의 사회적 기여도를 감안하고 농지 보전 역할에 대한 정당한 응대로서의 기본소득이 보장되어야 한다는 것으로 많은 공감을 얻었다. 소농이 수행하는 역할은 수출 많이 하는 대기업 못지않다. 아니, 훨씬 더 중요한 역할을 한다고 볼 수 있다. 대기업은 공기나 물이나 땅을 해치면서 돈을 벌어 공공의 부담을 가중시키지만,

농사는 그 행위 자체가 공공의 이익에 복무하는 것이다. 물론 소농의 농사법일 경우에 그렇다. 중화학공업에 포박된 현대 농사는 그 반대다. 오죽하면 유엔식량농업기구(FAO)가 자동차 등의 이동 수단을 모두 합친 것보다도 지구 생태계와 지구온난화에 더 큰 위험이 되는 요소는 축산업이라는 보고서를 2005년에 냈을까.

농민기본소득보장제는 이런 정신에서 출발한다. 또한 농민이 인구의 15%는 되어야 한다는 주장에도 귀 기울여야 한다. 한 농가가 여섯 가정을 먹여 살리는 정도의 농사가 적절하다 하겠다. 자연의 복원력을 해치지 않는 농사 규모가 어떤지는 더 연구해야 하겠지만 자연을 맹렬히 훼손하는 현재의 농업이 물러가면 그 자리를 메워 나갈 사람들이 필요하다. 바로 다음 문명을 이어 갈 소농들이다.

-『녹색평론』125호, 2012년 7 · 8월

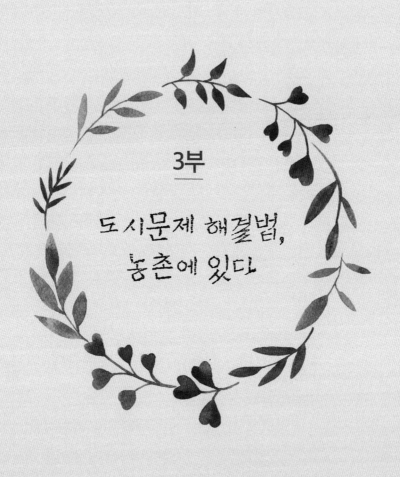

3부

도시문제 해결법,
농촌에 있다

마트 비닐봉투 값을 올리면

수년 전 부안 핵 폐기장 설립 반대 투쟁이 한창일 때 하나를 두고 이름이 서로 달랐다. 대책위(범부안 군민대책위)에서는 '핵폐기장' 또는 '핵쓰레기장'이라고 불렀고 정부와 보수 언론은 '원자력발전 부산물' 또는 '사용 후 핵연료'라고 불렀다. 이름을 가지고서라도 핵 발전에 대한 대중의 인식과 여론을 자기네 쪽으로 돌리기 위해 노력한 것으로 보인다.

오늘날 쓰레기 문제는 인간을 비롯하여 뭇 존재의 생명을 위협하는 상태까지 이르렀다. 남해와 서해에는 많은 양식장이 있는데, 양식장의 스티로폼 부표 부스러기를 먹은 물고기들이 부력을 견디다 못해 물 위로 떠올라 폐사하는 일이 허다하다. 핵발전소의 방사능 오염수 때문에 기형어가 나오는 것은 널리 알려진 사실이다. 의료기기나 가전제품, 통신기기 때문에 방사능과 전자파 피폭이 늘고 있다. 대부분의 쓰레기는 물질문명을 누리는 대가이고 생산 활동의 결과다. 물, 공기, 땅, 음식, 심지어 사람의 마음보까지 물질문명의 찌꺼기 때문에 오염된다고 보면 된다. 아무리 이름에 분칠을 해도 쓰레기는 쓰레기다.

농촌에서도 예외는 아니다. 어찌 보면 더 심각하다. 노령화된 농민들의 환경의식도 박약하지만 행정과 시민사회의 계도 기능도 취약하기 때문이다. 쓰레기를 불법 처리하는 걸 뻔히 보면서도 이웃간에 신고하기도 그렇고, 신고해도 도시처럼 원리원칙대로 처리하기 힘든 실정이다.

쓰레기 문제 해법은 두 가지 영역이 있는데, 쓰레기 자체를 안 생기게 하거나 덜 생기게 하는 분야와 생겨난 쓰레기를 잘 처리하는 분야다. 공공연한 비밀이지만 농촌 지역은 도시보다 분리 배출도 잘 안 될뿐더러 수거한 쓰레기를 자원으로 재활용하는 비율도 낮다. 애써 분리 배출을 해도 위탁을 맡은 업체들은 시간과 돈 때문에 그냥 통째로 매립장에 묻는 경우도 있고 폐촉법(폐기물처리시설 설치 촉진 및 주민지원 등에 관한 법률)에 의한 주민 감시 기능도 약하다.

동네마다 농약병 수거함을 지자체에서 설치해 줬건만 여전히 쓰고 난 플라스틱 농약병을 태우는 농민들이 있고 과수원에 쓰는 반사지나 과일 충격 방지판('난자'라고 부른다.)을 태우기 일쑤다. 반사지에는 중금속인 수은이 함유되어 있어 치명적인데도 수거율이 낮다. 얼마 전 국립환경과학원의 발표에 따르면, 우리나라 사람들의 혈중 수은 오염률이 세계 최고로 나왔는데, 미국의 3배가 넘고 뉴질랜드의 40배, 프랑스의 60배를 넘고 있다. 대책이 시급하다.

우선적으로 일회용 농사용품과 생활용품의 사용을 줄이게 하고 재활용 비율을 높이는 것을 생각해 볼 수 있다. 그러기 위해서는 행정의 지원이 필수적이다. 언젠가 김해시의 한 업체가 사과용 난자를 재활용 종이로 만들어 보급한 적이 있다. 불행히도 이 업체는 파산한 것으로 안다. 스티로폼 난자는 1장에 5원인데, 재활용 가능한 이 종이 난자는 25원이었으니 파산은 불 보듯 뻔한 것이었다.

뉴질랜드나 호주는 과자 봉지도 종이로 만든다. 우리나라의 과자 봉지는 내용물보다 훨씬 더 많은 질소를 집어넣어 과대 포장이 심하다. 재활용 가능한 용품에는 적극적인 행정의 지원이 필요할 것이다. 아울러 쓰레기 발생률이 높은 생산업체에는 수거와 재처리 부담까지 안겨야 한다.

쓰레기 발생을 줄이고 수거율을 높이기 위해서는 모든 예비쓰레기들에 환경부담금을 크게 매겨서 도로 가져오면 그때 그 금액을 되돌려주는 방법도 좋다고 본다. 농사용 비닐의 가격만큼 환경부담금을 매겨서 생산업체와 농민이 반반 부담하게 하고 되가져오면 그 돈을 돌려준다고 해 보자. 현재 56% 대에 머물고 있는 폐비닐 수거율이 높아지지 않을까? 마트에서 나눠 주는 비닐봉지를 현재의 50원에서 1,000원으로 올리면 다들 장바구니를 가지고 다니지 않을까? 회수율도 엄청 높아질 것이다.

둘째, 농촌 지역의 환경 의식을 높이는 계몽 활동을 환경단체 등

시민사회가 더 적극적으로 할 수 있어야 한다. 계곡이나 약수터에서 무당을 불러 굿을 하고는 음식을 그대로 방치하는 풍습도 여전하며 별 생각 없이 비닐들을 논두렁에서 태운다. 땅에 파묻기도 한다.

마트의 비닐봉지를 별안간 천 원으로 올리면 난리가 날 것이다. 대신 쓰레기 문제를 심각하게 생각해 보는 계기도 될 것이다. 농민들의 생각과 생활에서 쓰레기 문제를 풀 수 있는 방법은 활발한 계몽 활동 밖에 없다고 본다. 매립장 주민들도 감시 권한이 있긴 하지만 쓰레기 위탁업체 인부들 중에 동네 사람도 있다 보니 꼬장꼬장하게 쓰레기 감시를 하기가 힘들다. 이웃 간에 쓰레기 심각성이 어쩌고저쩌고 하면 싸움 난다. 환경단체와 행정기관이 같이 계몽 활동을 강화할 수밖에 없는 이유다.

-〈한국농어민신문〉, 2013년 12월

농촌이 옛날 농촌이 아니다

얼마 전에 대학생 농활단이 우리 고장을 찾았는데, 늘 그렇듯이 농활단이 오면 여러 농가에 배정되어 농사일을 돕기도 하고 시골 농부들에게 새로운 문화를 전해 주기도 한다. 이번에도 대학생들은 고추밭도 매고 논두렁 풀도 깎았다. 과수원에도 배정되어 석회보르도액을 뿌리거나 도랑을 치기도 했다.

농활 온 대학생들에게 에스에스기(고압농약살포기)를 맡길 수도 없고 트랙터나 포클레인으로 경지정리를 맡길 수도 없다. 왜? 너나 할 것 없이 그런 것은 농사라고 여기지 않기 때문이다. 농사 도우러 온 친구들에게 공사 체험을 시킬 수는 없지 않은가. 으리으리한 시설 하우스에 데려다 중공업 공장 체험을 시킬 수도 없는 일이다.

누가 뭐래도 농사라고 하면 괭이나 낫을 들고 들판에 나가서 구슬땀 흘리며 일하는 것이다. 그러다가 비가 오면 비를 맞고, 더우면 개울에 들어가 땀을 식히는 게 농사 본래의 모습이다. 요즘은 옛날보다 농활 오는 대학생도 적어졌지만 이런 식의 제대로 된 농사 체험을 할 수 있는 농가도 많지가 않다. 화훼, 과채류는 대부분 시설하우스 속으로 들어가서 들판은 비닐로 뒤덮여 있다. 논두렁 풀을 깎는 사람도 찾기가 쉽지 않다. 아예 논두렁을 시멘트로 발라 버렸거나 제초제를 뿌려서 풀 한 포기 자라지 않는다. 어린 시절을 시골서 보낸 도시인들은 설마 하면서 믿기지 않아 하겠지만 고추밭 매는 농부는 적어도 우리나라에는 없다. 품앗이 해 가며 콩밭 매고 논매고 하던 일들은 사라진 지 꽤 오래다. 비닐이나 부직포로 풀이 나지 않게 했거나 제초제로 풀을 다 잡아 죽였기 때문이다.

농촌이 옛날 농촌이 아니다. 농촌 쓰레기는 도시보다 더 심각하다. 농촌에서는 맹독성 농약병의 분리수거 필요성이나 지구적 환경 위기에 대한 인식이 박약하다. 요즘 한창인 감자밭이나 고구마밭도 북주기 하는 곳이 있는가? 없다. 심을 때부터 두둑을 크게 만들고 시커먼 비닐을 씌운다.

이렇다 보니 자연 가까이 다가가서 자연과 같이 숨 쉬며 자연의 거침과 유연함을 배우러 온 대학생들에게 마땅히 안내할 곳이 없다. 이런 현상이 당연하다는 사람들도 있다. 불가피하다는 것이다. 농업인구는 줄고 노령화되니 어쩔 수 없이 기계화와 규모화는 대안이 될 수밖에 없다는 논리다. 그러나 필자는 달리 생각한다. 도시 팽창과 실업자의 증가, 그리고 농촌의 공동화는 한쪽의 원인이 다른 쪽의 결과를 초래했다기보다 둘 다 일정한 의도와 목표 아래 동시에 진행되었다고 본다. -〈대산농업문화〉, 2016년 봄호

농촌의 겨울은 유난히 춥다

동장군이 기승을 부린다. 미국에 불어 닥친 강추위는 재난 영화 〈투모로우〉를 연상케 한다. 올겨울은 유난히 추울 것이라고 한다. 그 이유가 급속한 온난화 때문이라고 하니 어이가 없다. 벌써부터 따뜻한 봄바람이 기다려진다. 이 기다림이 얼마나 길지 정말 감감하다.

문제는 가난한 사람과 농촌 사람이다. 추위 때문에 올라갈 수밖에 없는 난방비는 없는 사람들을 더 움츠러들게 할뿐더러 도시에 비해 더 춥고 노인 비율이 높은 농촌을 심리적으로도 얼어붙게 할 것이다. 도시는 대부분 조리 에너지뿐 아니라 난방 에너지도 도시가스를 이용한다. 이는 에너지원 중에 가장 싼 것이다. 농촌 지역은 가스공급이 10%도 안 된다. 그래서 이름마저 '도시'가스인가 보다. 농촌 54.5%의 농가에서는 비싸기 이를 데 없는 석유를 난방에너지로 쓴다. 정부의 에너지 정책이 도시와 농촌을 경제 논리로만 접근한 결과다.

자료를 살펴보았더니 발열량 기준 환산 가격(TOE당 가격, Ton of Oil

Equivalent)이 도시가스의 경우 892원인 반면, 석유의 경우 1,561원으로 도시가스보다 2배가량 높게 나온다. 도시보다는 농촌이 생활 보조나 복지 혜택이 많을 것으로 보이지만, 소득이 전무한 이 추운 겨울에 농촌의 어르신들은 도시보다 두 배나 비싼 에너지를 쓰고 있는 게 오늘의 현실이다. 이만저만 큰 모순이 아니다. 그래서 에너지 양극화가 큰 사회문제가 되고 있으며, '에너지정의'라는 신조어가 생겨나기도 한 것이다.

대책 가운데 우선적으로 시행되어야 할 것이 농어촌 지역 주택의 단열 수준을 획기적으로 높이는 일이다. 낡은 농가들은 대부분 얇은 홑벽으로 지어진 집이고, 1970~90년대에 농촌에 보급된 슬라브 벽돌집은 단열이 허술해서 에너지 손실이 크다. 최근에 지어진 목조경량주택 역시 시공비나 난방설치비 등의 이유로 추운 겨울을 사는 것은 큰 차이가 없다. 우리나라 주택의 단위면적당 에너지 소비는 다른 나라보다 엄청 높은 것으로 알려져 있다. 산자부에서 발표한 자료를 보면, 한국의 단독주택은 평방미터당 연간 1,596메가줄(MJ, 에너지 소비량을 계산하는 단위)의 에너지를 소비한다. 그러나 일본은 500메가줄, 독일은 250~420메가줄이다. 우리의 3분의 1, 5분의 1 수준이다. 농촌주택은 이러한 우리나라 주택의 평균 에너지 소비보다도 더 많은 에너지를 소비할 것으로 보인다.

둘째는 농촌 지역 에너지 자립을 위한 중장기 대책을 세우는 일이다. 완주군이나 진안군처럼 지역에 에너지 자립을 위한 기구를 만들어 이른바 '전환기술(또는 적당기술)'을 발전시킬 필요가 있다. 지금은 시기적으로 군유림과 국유림에 대대적인 간벌작업이 시작되는 때다. 중요한 에너지원이 산에 버려지고 있다. 농촌 지역의 에너지 자립을 위해서는 산림자원이 큰 역할을 할 수 있을 것이다. 재작년에 연수를 갔었던 독일의 어느 지방도시에서는 가로수를 정비하고 남은 잔가지들까지도 모두 다 열병합발전소로 가져와서 이용하고 있었다.

셋째, 지금 당장이라도 농어촌 지역의 올겨울 난방에너지에 대한 지원이 있어야겠다. 난방용 면세유를 배정하든지, 난방 보조금을 도시가스와의 발열량 기준 환산가격 차이만큼을 보조금으로 지급을 하든지.

마지막으로 언급할 것이 하나 있다. 지역자활센터를 통한 노후불량주택 지원 사업은 서비스의 질을 높일 필요가 있다. 일반 업자에 비해 시공의 질이 형편없이 떨어지는데다 공사 기간도 길고 지원의 내용도 빈약하다는 문제가 있다. 이 점을 개선하지 않고 농어촌 에너지 부실 주택 지원 사업은 큰 성과를 내기 힘들 것이다.

-〈한국농어민신문〉, 2014년 1월

무엇이 농촌인구 대책인가?

알아맞히기 놀이를 해 보자. 30여 년 전, 정부 차원에서 불임시술과 정관수술을 권장하며 산아제한 운동이 한창일 때하고 지금의 대한민국 인구는 어느 쪽이 더 많을까? 정관수술하는 비용이 전액 무료일뿐더러 예비군 훈련도 빼 주던 당시와, 출산장려금을 지급하며 애 낳기를 권장하는 요즘을 견주자면 총인구가 엄청 줄었을 듯하다.

그러나 사실은 그렇지 않다. 줄기는커녕 더 늘었다. 우리나라 연도별 인구 추이를 보면 단 한 번도 인구가 준 적이 없다. 그런데 왜 장려금까지 줘 가며 인구 늘리기에 매진하는가? 경쟁적으로 출산장려금을 올리다 보니 어떤 지역은 셋째 아이를 낳으면 천만 원을 주는 곳도 생겼다.

과연 한국은 땅의 크기에 비해 인구수가 적절한가? 도시로 빠져나간 농촌인구를 늘리자고 출산 장려를 한다는 것은 도시국가를 제외하고 인구밀도가 전 세계 3위인 우리나라의 인구 정책으로 타당성이 없다. 어떤 조사에서는 한국 땅덩어리 7개가 있어야 현재 한국 사람들이 먹고, 쓰고, 버리고 하는 것을 감당할 수 있다고 한다. 인구를 더 늘린다는 것은 곧 재앙이라는 지표다. 70억을 넘어선 지구촌 인구도 적정 수는 10억 이하라는 보고서가 있다.

아무리 노령화 문제가 있고 생산가능인구의 부양비가 커지는 현실이라 해도 인구 늘리기 정책을 써서는 안 된다. 태어난 아이들조차 세계 최고의 자살률을 기록하고, 가족 내 폭력이 끊이지 않는 현실을 바로잡는 게 더 중요하다. 부양비를 줄이기 위해 출산을 늘인다면 그들이 늙었을 때 다시 출산 장려를 해야 하는 순환 모순에 빠진다.

농촌인구의 감소와 노령화 문제에 출산 장려는 결코 대책이 될 수 없다. 농촌을 왜 떠날 수밖에 없는지 그 요인을 제거하고, 도시 인구를 농촌으로 끌어들이는 것이 최고의 방책이다. 이를 위해 두 가지 방안을 제시하고자 한다.

첫째는 농민의 기본소득 보장이다. 농민을 준공무원화하여 월급을 주는 것이다. 지금의 복지후생 제도와는 전혀 궤를 달리하는 것으로 재작년 총선에서 한 정당이 공약으로 내세운 정책이다. 『녹색평론』을 주축으로 상당히 논의가 진척되어 있는 의제다. 근거가 뭐냐고 의아해할 것이다. 농민의 노동은 그 자체가 사회공공재의 생산 과정이다. 맑은 공기와 깨끗한 물, 각종 자연재해의 예방 행위이다. 이를 농업의 다원적 가치라고 하지 않는가. 일상이 곧 공공의 이익을 위한 헌신인 자, 그가 바로 농민이다.

기본소득을 보장하는 농민의 범위는 현재의 농지법시행령 3조에서 말하는 '농업인의 범위'와는 전혀 다르다. 위 법상 농업인의 범위는 농사 규모와 소득을 기준으로 정하지만 농민기본소득제하의 농민 범위는 철저히 자연재배 소농이어야 한다. 농약 위주의 화공농법은 다원적 가치의 실현은 고사하고 농업을 최고의 환경파괴 업종으로 전락시켰기 때문이다.

둘째는 잉여 도시인구의 과감한 농촌 유입이다. 재작년에 귀농운동본부에서 산업안전공단과 손잡고 산업재해로 자활치료를 받는 노동자들을 대상으로 귀농교육을 한 적이 있다. 퇴직자나 제대군인을 대상으로도 했었다. 이는 도시와 농촌의 지역정부가 과감하게 나설 일이라고 본다.

청년들의 젊음과 끼를 농촌으로 옮겨 오는 것도 포함된다. 도시문제와 농촌문제는 연동되어 있기 때문이다. 시골에 노는 땅은 많으나 팔지를 않는다. 빈집 역시 많으나 팔지 않는다. 지역정부가 한국농어촌공사와 함께 이 문제를 풀어야 한다. 그래서 도시 잉여 인구가 유입될 수 있는 발판을 마련해야 한다. 토지 국유화나 공유화 역시 별도의 기회에 논의되어야 할 과제다.

시간이 걸리더라도 농촌인구 감소와 노령화의 근원적인 대책을 마련해야지, 출산장려금으로 대응하는 것은 장기적으로 농촌인구 증가에 도움이 안 된다.

　최근에 귀농 정책 토론회를 준비하면서 통계청 자료를 분석한 적이 있는데, 놀라운 사실이 이를 웅변하고 있다. 중학교부터 대학교 취학령에 이르는 농촌 청소년이 대거 도시로 빠져나가고 있었다. 농촌이 안 바뀌면 많이 낳아도 농촌에 살지를 않는다. 심한 경우는 부모가 출산수당만 받아먹고 타지로 이주를 하기도 한다.

-〈한국농어민신문〉, 2014년 2월

군민은 선거철에만 갑이다

요즘 들어 아예 문자신호음을 꺼 놨다. 군수 입후보자가 일곱인데다 군의원과 도의원 후보들의 문자가 쏟아져서다. 더구나 우리 지역에 딱 두 개 있는 농협의 조합장이 둘 다 군수로 나서다 보니 조합장 보궐선거까지 겹쳤고, 다른 지역의 군수 후보자까지도 문자를 보내 수신문자 수는 곱으로 늘었다.

얼마 전까지 문자메시지의 주 내용들은 출판기념회였다. 이는 선거운동의 시작을 알리는 신호탄이기도 하고 선거라는 방식의 민주주의를 농락하는 상징이기도 하다. 선거일 90일 전까지만 허용되다 보니 출판기념회는 2월 말과 3월 초순에 집중되었다.

내가 잘 아는 그분은 컴퓨터를 전혀 다루지 못한다. 타이핑할 줄도 모를뿐더러 간단한 메모 외에 글이라고는 한 문장도 쓰지 않는 사람이다. 그런데 책을 낸 것이다. 선거철에 한몫 챙기는 대필 작가가 써 준 책이다. 두세 번 만나서 인터뷰를 하면 빠를 경우 보름 안에 책이 나오는 식이다. 꼭 4년 전 이맘때에 아는 분의 출판기념회에 갔는데, 그분은 사석에서 대필비로 700만 원이나 줬다고 했다.

편집과 인쇄는 별도라면서. 그분은 군수에 당선이 되었고 이번에 또 출판기념회를 한다고 문자를 보내왔다. 이번에는 얼마나 줬을까? 들리는 말로는 1,500만 원에서 2,000만 원쯤 된다고 한다.

보통은 책을 내면 저자는 비용을 대기는커녕 책값의 10%쯤 인세를 받는데, 선거철 출판기념회 책은 저자가 모든 비용을 다 댄다. 군수 25억, 조합장과 기초의원 5억이라는 선거비용이 헛말은 아닐 성싶다. 서점에도 없고 선거 끝나면 사라질 책들, 참석하는 사람들도 얼굴도장만 찍지 읽지도 않는 책들은 출판 시장을 어지럽히고 숲과 나무만 훼손할 뿐이다. 대필 작가가 쓰다 보니 입후보자 책들은 이름과 지명만 다르고 대동소이하다. 꿈 많고 똘똘했던 어린 시절과 가난, 좌절과 도전, 굳센 의지와 성실, 간간이 눈물샘을 자극하는 미담 등등.

솔직히 말하자. 극히 일부를 제외하고는 자기가 쓰지도 않은 책을 저서랍시고 내놓고는 선거자금 걷는 것이 출판기념회 아닌가. 이는 선거 활동으로 분류되지 않고 '경조사'이므로 정치자금법에 해당되지 않아 모금된 돈을 선관위에 신고하지 않아도 된다. 합법을 가장한 노골적인 정치자금 모금 행위다. 군민의 호민관이 되겠다는 사람들이 선거운동의 첫걸음부터 사술에 가까운 편법으로 선거제도를 비트는 행위를 하는 것이다. 현실이 이럴진대 어찌 선거를 민주주의의 꽃이라고 부를 수 있는가.

선거 때마다 되풀이되는 이런 풍토를 어떻게 하면 바꿀 수 있을지 지역만들기 활동가들의 고민이 클 것이다. 농민들이 지역의 신망 있는 단체와 개인을 축으로 가칭 '○○ 유권자연대'라도 만들어서 선거철만 되면 제각기 후보자를 중심으로 줄을 서는 현상을 바꿀 수 있다면 좋을 것이다.

선거가 끝나도 개인은 물론 작목별 단체 간에 불화와 알력이 이어지는 후보자 중심으로 줄 서는 선거판을 바꾼다면 어떤 선거가 될까? 지역에 필요한 사업과 활동을 제시하여 후보자 입을 열게 하는 것이다. 공개 석상에서 말과 문서와 손도장으로 약속을 하게 하는 것이다. 돈을 뿌리지 않겠다, 공약을 지키겠다고. 이것은 선거 뒤에도 지자체와의 관계에서 군민이 확실한 '갑'의 지위를 누릴 수 있게 하는 방법이 될 것이다. 지역의 유권자연대가 뻔한 선거공약들의 허실을 헤아리고 공약의 실현 가능성을 따질 수도 있을 것이다. 선관위와 보조를 맞춰 신고센터도 운영할 수 있을 것이다. 후보들을 공론의 장으로 나오게 해서 정책 토론을 할 수도 있을 것이다. 이참에 군민들이 군정의 속살과 예산이 어떻게 줄줄 새는지도 공부하게 될 것이다.

선거철마다 등장하는 정책선거니 공명선거니 하는 구호들은 후보자들이 뿌리는 돈 앞에 맥을 못 춘다는 게 정설이다. 몇 백 표가 아니라 몇 십 표 차이로 당락이 갈리는 농촌에서는 표를 쥐었다고 공언하는 작목별 단체나 토건 세력 브로커들이 설치기 마련이고 애간장이 타는 입후보자는 돈과 이권을 달라는 그들의 손을 덥석 잡는다. 선거비용에 알파를 더해서 주고받는 막판 후보자 간의 야합도 등장하는 것이다.

당선자는 선거 때 쓴 비용을 긁어모으려 하는데 그게 다 알고 보면 군민들의 뒷주머니를 터는 게 된다. 선거법 위반으로 도중하차하는 당선자가 속출하기도 한다. 선거가 이렇게 되면 군민은 반짝 선거철 외에는 '을'의 위치로 추락할 것이다. 농민들의 지혜로운 처신이 어느 때보다 필요한 시기다.

-〈한국농어민신문〉, 2014년 3월

무덤 위에 꽃피는 무역이득금 공유제

이른바 '무역이득 공유제' 논의가 뜨겁다. 농촌 지역의 자치단체장 후보자는 기자회견과 서명까지 하면서 이를 촉구하고 있는 실정이다. 그럴 수밖에 없는 것이, 누군가의 희생을 전제로 누군가가 이익을 본다면 그 이익금은 피해 당사자에게 돌아가야 마땅하다. 정의라는 게 다른 게 아니다. 이게 정의다. 정의 실현을 목표로 하는 법도 그래야 하고 균형 발전과 동반 성장을 내세우는 정부의 정책도 그래야 한다. 한국 농업경영인중앙회를 선두로 농민단체들이 서명운동까지 벌이는 것은 지극히 당연한 일이라 할 것이다. 피해를 보고도 가만히 있다면 멍청이와 다름없다.

엊그제 보도를 보면 이런 논의의 정당성을 다시 한 번 확인하게 된다. 말도 많고 탈도 많은 삼성전자의 당기순이익 보도다. 많은 기업들이 쓰러지고 팔려 나가고 하는데 어찌하여 삼성은 허구한 날 순이익만 내는가? 의문을 품음직하다. 순이익도 냈다 하면 보통 순이익이 아니다. 재작년 농림수산식품부 총예산의 두 배에 이르는 30조 원이나 된다니 하는 말이다.

삼성전자의 하루가 240시간인 것도 아니고 그들의 능력이 일반인의 두 배가 되는 것도 아닐 터인데 임원들은 어떻게 수백 억, 수십억의 연봉을 받아 챙기는 것이 가능한가. 열역학 제1법칙을 떠올려보면 된다. 사기를 치거나 누군가의 희생 위에서만 가능한 일이다. 누구의 희생일까? 노동자다. 그리고 농민이다. 온갖 합법과 편법과 불법을 총동원하여 그들에게 가야 할 몫을 가로챘기 때문이다.

그중에 하나가 자유무역협정이다. 자유, 멋진 말이다. 무역, 협정, 다 좋다. 그러나 이 에프티에이(FTA)의 실상은 농업을 파괴하고 희생하는 무덤 위에서 전자, 통신기기, 자동차, 컴퓨터, 석유화학이 꽃놀이 판을 벌이는 것인데, 농민들에게는 비정하기 짝이 없다. 국가의 미래를 위해서도 위험한 놀이다. 삼성전자 등만 살판나는 일이다. 반도체가 휴대폰에만 들어가는 줄 아는데 자동차와 화학 산업에도 들어가기 때문이다.

그래서 '무역이득금 공유제'라는 말부터 바꿨으면 한다. 표현이너무 애매모호하다. '농업파괴무역 부당이득금 환수제'가 어떨까싶다. 수혜와 피해의 주체가 명확해야 하고 정책 시행의 목적성이드러나야 한다고 보기 때문이다. '무역이득금 공유제'는 얼핏 듣기에 농민들이 남의 밥상에 숟가락 올리려는 것처럼 보인다. 농민들이 수출해서 번 돈도 '무역이득금'이 되니 말이다.

이뿐 아니다. 약칭 '자유무역협정 농업인 지원법'에서도 14조에 있는 '기금의 조성' 책임 주체에 '농업파괴무역 이득 산업'을 넣어야 할 것이다. 현재는 정부 출연금과 그 외의 기부금 등으로 기금을 만든다고 되어 있는데, 부당한 이득은 농업파괴무역 산업에서 얻는데도 책임은 국민 세금으로 진다는 게 말이 되지 않는다. 남의 땅을 빌려 써도 임대료를 내고 고층으로 집을 지어 옆집에 그림자만 드리워도 일조권과 조망권 피해 구제를 하는데, 하물며 전 국민의 밥상을 뒤흔드는 농업파괴무역 이득 업체들에게 농업인을 지원하는 기금 조성 부담을 지우는 것은 꼭 필요한 일이다. 그래야 이들이 관계 요로에 자유무역협정 촉진 로비를 하러 함부로 나서지 않을 터다.

농자재와 농기계 산업에도 이익공유제를 시행해야 하지 않을까 싶다. 농업 생산에서 날로 비중이 커지는 것이 농자재와 농기계다. 노동력과 날씨보다 농자재와 농기계의 몫이 해마다 커져 가고 있다. 이 얘기는 이들 산업은 농업 덕에 돈을 번다는 것이다. 농업에 쏟아지는 예산의 상당액이 이들 산업으로 흘러 들어간다. 흉년이 들어 농가가 망하건, 풍년이 들어 농산물 값이 폭락하건 이들 업체들은 농협을 통해 자기 물건 값을 돈으로 다 받는다. 농민 덕에 먹고사는 업체가 농민이 망해도 끄떡없다는 것은 매우 부도덕한 일이다. 부정의다.

한발 더 나아가 농업 관련 공무원과 농업 관련 연구소에도 이익공유제를 시행해야 하지 않을까 싶다. 얼핏 들으면 무슨 뚱딴지같은 소리냐고 할지 모르지만 하지 못할 말은 아니라고 본다. 그 정도의 결의를 해야 농업을 살리지 않겠나 싶은 것이다. 농민들은 망하는데 농협이 망했다는 소리는 들은 적 없고, 농업진흥청이나 농업기술센터 공무원 월급이 체불되고 있다는 소리도 들어 보지 못했다. 허구한 날 포럼이다, 정책 토론이다, 무슨 전망이다 하면서 중복되는 이름들의 센터와 연구원들이 비 온 뒤 잡초처럼 나서서 농업 예산을 써 대고 있는 모습은 보기 안타깝다.

- 〈한국농어민신문〉, 2014년 4월

농민인문학이 그립다

스승의 날에 1천 5백여 명의 선생님들이 실명으로 세월호 참사 진상 규명과 책임자 처벌을 요구하는 '교사 선언'을 했는데 고맙고 부러웠다. 스승의 참모습을 교직까지 걸고 행동으로 보여준 것이 고마웠고 경제적 이해와 직업의 한계를 넘어 나라의 문제, 겨레의 고통에 나서서 담대하게 발언하는 모습이 부러웠다. 농민 입장에서 그렇다는 것이다. 이에 앞서 이틀 전에는 43명의 교사들이 역시 실명으로 청와대 게시판에 박근혜 정권 퇴진 운동을 벌인다고 선언하기도 했다.

교사뿐 아니라 노동자나 교수, 변호사, 의사들이 시국 선언으로 나라와 겨레의 문제에 적극 나서는 것이 부러운 것은, 우리 농민들도 농업보조금이나 직불금, 벼 수매가 인상과 농산물 수입개방 반대뿐이 아니라 세월호 참사나 밀양의 핵 발전 송전탑 문제에 독자적인 발언과 선언을 할 수 있었으면 해서다. 농민단체를 중심으로 그동안 식품의 안전과 자유무역협정 반대 등 전 시민적 이해를 제기하지 않은 건 아니나 어디까지나 농업·농민의 이해에 바탕해서다. 일본 후쿠시마에서 핵발전소 참사가 벌어지고 난 뒤인 2012년 7월에 본인을 포함한 19명의 발기인과 250여 명의 서명으로 '핵 발전 없는 세상을 위한 귀농자 선언'이 있었지만 이것이 농민 선언으로까지 추진되지는 못했다.

120년 전의 갑오년에도 그랬지만 일제 강점기와 해방 공간에서 우리 농민은 나라와 민족 문제의 최선두를 지켰다. 개개인이 삶의 조건을 뛰어넘어 인류의 문제나 공동체의 문제 해결에 참여하는 것은 인류 지성의 보편적 양식이다. 교사들이 시국 선언을 하고 촛불을 드는 것을 정치 편향이라며 헐뜯고 깎아내리는 것은 역사적 색맹들이나 하는 짓이다. 16살 어린 여학생인 유관순이 독립만세 운동을 벌였다고 정치색에 물든 것이라 비난하지 않는다. 4·19 혁명 때는 185명 희생자의 대부분이 중·고등학생이었다. 수유리 4·19 묘역에 가면 나란히 걸린 초롱초롱한 학생복 차림의 10대 청소년들의 사진을 볼 수 있다. 우리는 이들을 민주주의를 지켜 낸 고귀한 희생자라 부른다.

사람들은 자기에게 이익이 있거나 재미가 있는 경우에 행동으로 나선다. 개별 인간관계나 제도화된 집단관계에 있을 경우에도 역시 사람들은 행동하게 된다. 그러나 이도저도 아닌데도 세월호 참사에 밥줄을 걸고 시국 선언을 하는 교사들의 행동은 높은 수준의 사명감과 시대 정신이 있어서 가능하다고 봐야 할 것이다. 이는 하루아침에 만들어지는 게 아니다. 인본 중심의 역사의식과 사명감은 지성인의 원형이다. 생태, 생명, 평화, 물리, 정치, 역사, 경제, 철학, 문학, 수학 등에 대한 우주적 사고가 지성인의 바탕이다. 이를 인문과학, 줄여서 인문학이라 부른다. 우주적 사고와 지역적 행동이 요구되는 요즈음에 농민인문학이 그리운 이유다.

최근에 순환과 공생을 강조하는 '지역재단'에서 학습조직 운영지원 사업 공모를 하고 있다. 지역 문제를 합리적으로 이해하고 협동을 통해 문제를 해결하는 힘을 키우고자 하는 사업이다. 합리적으로 사고하고 갈등 관계를 협동하는 관계로 바꾸어 내는 힘은 사물과 상황을 깊이 통찰할 수 있는 데서 나온다. 바로 인문학적 소양이다.

올 초에 설립된 우리 지역의 '(사)장수 지역활력센터'에서도 소모임 지원 사업을 한다. 각종 연구 모임과 건강, 에너지, 농업 분야 모임을 대상으로 하고 있다. 이렇게 개인의 연구를 지원하기보다 소모임을 지원하는 것은 의미가 크다. 이른바 다중지성을 도모하는 정책이라는 점에서 그렇다.

안토니오 네그리는 명저 『다중』에서 계급, 민족, 대중, 민중을 넘어서는 '다중' 개념을 도입했고 이것이 다중지성으로 발전했다. 다중지성은 우리나라의 생명주의 물리학자 장회익 선생의 '온생명철학'과 맞닿아 있다. 물질에서 생명으로, 우주로, 다시 인간으로 이어지는 현대 과학에 대한 통합적 이해를 필생의 과제로 삼아 온 노학자의 강의를 이번 달 말에 장수에서 마련했다. 작년부터 활동하고 있는 '농민생활인문학'에서 마련하는 자리다. 이미 자연건강, 대안에너지, 동학혁명, 지방자치, 차 문화 등의 강좌를 진행해 왔다. 부지깽이도 따라나선다는 농번기에다 지방선거를 코앞에 두고서 '생명과 과학-온생명의 우주'라는 강의를 마련하는 것은 우리 존재의 궁극을 향한 쉼 없는 관심과 노력의 일환이다.

현대 기득권층의 지배 방식은 이데올로기적 지배다. 허상의 이데올로기를 뚫고 자신을 찾아 나가는 길은 집단지성으로 만들어질 것이다. 인문적 소양을 넓히고 집단지성 형성에 농민들이 나서는 것은 농업과 농촌의 뿌리를 바꾸어 가는 대장정이 될 것으로 보인다.

-〈한국농어민신문〉, 2014년 5월

직영 노인요양원 하나쯤 있었으면

노인 인구가 많아지자 각종 노인 관련 기사들이 뉴스에 오르내린다. 노인을 대상으로 하는 사기단도 있다는데, 전화 사기가 가장 많고 서류나 인감을 변조해서 노인 몫을 가로채는 일들도 종종 있다고 한다. 그중에는 노인요양원의 부당수급 문제도 포함된다.

최근 기사에서는 노숙자와 치매 노인을 허위 입원시켰던 요양병원이 허가 취소되었고, 요양급여를 거짓으로 과잉 청구한 노인장기요양원이 재지정(재신고) 금지 명령을 받았다고 한다. 요양급여를 부당 청구하는 일뿐 아니라 요양보호사 등 의무 인력을 다른 업무에 배치했거나 규정된 요양 제공을 다하지 않다가 시정명령과 함께 과태료 처분은 물론 영업정지를 받는 게 최근 우리 지역 실정이기도 하다. 노후의 복지와 안녕을 책임진다는 공공법인의 행태임에도 말이다. 이쯤 되면 일종의 범죄행위라 해도 과언이 아니다. 노인 상대 사기단이라 할 수는 없어도 노인 상대 장사꾼이라 할 수 있다.

노인장기요양제도가 생기고 나서 생기는 여러 잡음들은 건강보험공단을 무슨 수사기관처럼 움직이게 하고 있다. 어떨 때는 공단

직원이 현장 조사라는 명목으로 시설을 급습(?)하여 입소 어르신들의 기저귀를 들춰 보며 욕창 유무를 살핀다든가 요양보호사들을 취조하듯이 조사하는 경우가 있다 하니 그만큼 부정행위가 많다는 얘기이기도 하다. 열악한 시설 운영, 요양보호사들의 인권과 처우 문제는 당연히 입소 생활 중인 어르신들의 삶의 질과 존엄의 문제로 이어진다. 노인 문제가 요양시설로 다 해결될 수는 없다고 보지만 우선 농어촌 지역 시·군 단위에 하나 이상씩의 직영 노인요양원이 필요하다고 생각한다. 직영 노인장기요양원은 노인요양원의 모범을 보일 필요가 있다. 감정노동에 시달리는 요양보호사의 재교육은 물론 처우나 인권, 시설의 쾌적성 등에서 말이다. 요양보호사나 사회복지사 등 시설 종사자들의 노동 여건은 매우 열악하다. 고용 불안정까지 함께한다. 들쭉날쭉한 입소 어르신 수의 변동에 따라 물리치료사나 사회복지사, 요양보호사가 직무 변동은 물론 감원 대상이 되기도 한다. 이런 상황은 본인부담금을 깎아 주거나 아예 면제하는 어르신들에 대한 불법 호객 행위(!)가 생겨나는 바탕이 된다.

직영 노인요양원은 건강공단 보조금 외에 중앙의 교부금이나 지방정부 복지 재정을 투입하여 환경과 처우, 운영 면에서 다른 시설들의 모범이 되어야 한다. 그래서 복지법인들이 자체 재원으로 간호사나 요양사, 복지사 수를 늘리고 근무 환경을 개선하지 않고서는 함부로 노인요양 시장(?)에 뛰어들지 못하게 해야 한다. 본인부담금을 내고도 직영 시설에 들어오고 싶은 어르신들이 줄을 서게 해야 한다.

내가 사는 전북 지역은 노인시설 과잉으로 몇 년 동안 법인 신규 허가를 중단하기까지 했다. 입소 어르신이 부족하다 보니 불법 유인 행위가 등장하였다. 어떤 직영 기관은 타 민간 시설의 항의로 임금을 동결하는 결정을 했다고 한다. 안타까운 일이다. 위탁으로 전환하려는 시도까지 한다니 거듭 안타깝다. 종교 단체와 종교인이 그럴 듯하게 복지법인 만들어서 자체 재원도 없이 공단지원금만으로 생색을 내려니 민간법인 빰치는 불법을 저지르기도 한다.

이는 모범적인 직영 시설이 등장하는 것으로 바로잡을 수 있을 것이다. 직영이라고 문제가 없는 것은 아니다. 직영 자체가 정답일 수는 없을 것이다. 방만한 운영이나 무사안일이 문제가 될 수 있다. 노인종합복지관이 그런 경우가 많다. 위탁이 직영보다 서비스 만족평가도가 높게 나오는 실정이다. 직영도 직영 나름이라 하겠다. 경영 능력만이 아니라 철학과 삶이 온전한 운영자를 모시는 것도 관건이긴 하다. 이런 문제는 지역 내에 주민과 전문가, 입소 어르신 보호자 등으로 직영 기관 운영위원회를 구성해서 해결할 수도 있을 것이다. 서울의 서초나 강남, 송파구 등 '부자 구'에서는 구립 시설을 짓고 모범적으로 운영하고 있다. 노령 인구가 훨씬 많은 농어촌 지역이 먼저 해야 할 일들이다. 조합원 본인이나 부모가 우선 수혜자가 되는 노인장기요양협동조합을 만들어도 좋겠다. -〈한국농어민신문〉, 2014년 8월

국제 가족농의 해에 생각해 본다

유엔은 오래전부터 매년 국제적으로 긴요한 주제를 가지고 그해의 대표 주제로 삼는 전통이 있는데 작년은 '물 협력의 해'였고 올해가 '가족농의 해'라고 한다. 가족농이라 하면 가족의 노동력에 의존해서 짓는 그만그만한 규모의 농사를 이르는 말이다. 유엔이 나서서 가족농을 강조하는 것은 농촌을 농촌답게 만들자는 것이다. 지금과 같은 기계와 화학약품과 석유 이동을 이용하는 수단에 의존하는 주류 농사 방법으로는 우리의 농업이 절대 지속 가능하지 않다는 것을 이제 알아챘기 때문이다.

현재 지구에서는 사람의 먹을거리 생산능력이 총인구의 두 배인 120억에 달한다고 한다. 기아 인구가 엄청난 현실에서 놀라운 통계 수치라 하겠다. 엄청난 생산능력에도 국제 곡물상과 세계 교역 방식 때문에 굶주리는 사람들이 있게 되는데, 이처럼 과도한 농업생산능력은 심각한 환경 파괴와 자원 고갈을 재촉하고 있다. '국제 가족농의 해' 선포는 유엔 차원에서 기존 주류 농업의 폐해와 심각성을 경고하는 것으로 봐야 할 것이다. 기후변화에 가장 민감한 분야가 농업이다. 그런데 농업의 주류는 기후변화를 촉진하고 악화시키는 방향의 농사를 짓고 있는 것이다. 이 악순환에 대한 주의와 자각이 가족농의 해를 만든 것이라 본다.

가족농이라고 하면 얼마 정도의 농지 규모일까? 여기에는 농사 동력 중 농기계가 차지하는 비중에 따라 크게 달라진다. 미국의 경우는 80% 이상이 가족농이라고 하나 가구당 농지 면적은 120만 평 규모다. 우리 농가의 평균 농지 1,600평과는 비교가 안 되는 대규모다. 우리는 3~4만 평 농사만 지어도 대농이라 부른다.

가족농은 가족의 노동력에 의존한다는 것만으로는 정확한 개념이라 할 수 없다. 대규모 농기계 사용에 대한 제한을 둬야 진정한 농촌다움이 되살아나는 가족농의 취지에 맞을 것이다. 많이 쓰이는 말처럼 '지속 가능한 농사'를 통틀어 가족농=소농이라 해야 한다. 초국적 대자본의 동향에 따라 산골 시골 마을까지 흔들리는 일이 없으려면 가족농이 가장 좋은 전략이 될 것으로 본다. 기후변화나 곡물가 파동 등 글로벌 경영 체제에서 일어나는 위기를 회피할 수 있는 가장 적절한 농사 방식이 가족형 소농이라 하겠다.

가족농은 단순히 한 단위 가정의 농사가 아니다. 농사를 기반으로 하는 농가는 지역 내에 수많은 인적, 물적 네트워크를 가지게 된다. 농사는 협업의 성격과 함께 농기구와 노동력의 공유를 필요로 하고 있기에 본질적으로 주민 간의 소통과 연대를 추구한다. 그래야 농사가 가능하다. 가족형 소농을 강조하는 이유 중 하나는 바로 지역자치의 산실이 되기 때문이다. 스스로 먹을거리를 자급하는 단위는 가장 튼튼한 삶의 버팀목을 지니고 있는 것이다.

농촌 지역의 빈곤 문제와 복지 문제도 가족농 차원에서 접근할 수 있을 것이다. 가족농 체제는 농업인구를 획기적으로 늘리게 된다. 이들을 모두 공공재생산 활동가로 이해하고 대대적인 지원을 하는 것이 불가능한 일은 아니다. 외국에서는 이미 기본소득제나 농민월급제라는 방식으로 다양한 접근을 하고 있다.

지역자치가 본격화된 지 24년이 지났지만 여전히 익명성의 정치와 대의정치는 여러 문제를 안고 있다. 농촌 사회의 가족농 정책은 직접정치와 실명의 사회를 만드는 데도 크게 기여하게 될 것이다.

가족농과 소농을 얘기하면 너무도 쉽게 농업 생산의 능력과 규모로 한정해서 이해하는 경우가 많다. 전통 공동체 사회의 복원을 현대 도시 문명의 문제를 넘어서는 유일한 대안으로 얘기하면서도 이것을 가족형 소농 농촌 사회의 복원과 연계해서 이해하지 못하고 있다. 많은 도시문제의 해결은 농촌문제 해결과 맞물려 있다. 소농은 전통문화의 복원과 배려와 공생의 공동체 사회 회복을 위한 대안으로도 떠오르고 있다.

-〈대산농업문화〉, 2016년 봄호

소농이 세계인을 먹여 살린다

유엔이 그 해를 무슨무슨 해로 정하면 우리 정부도 의미 있는 정책 방침을 세우고 국정은 물론 지자체의 정책에 반영한다. 협동조합의 해나 물의 해, 에너지의 해에 그렇게 했다. 그런데 지난 가족농의 해에는 거의 손을 놓고 있었다. 할 일이 없다는 식이다.

우리 농정은 꾸준히 (시장)개방화와 (대)규모화, 기계화를 추진해왔다. 정권이 바뀌어도 이런 농업정책은 달라지지 않았다. 그러니 이런 농정과 대척점에 있는 '가족농의 해'에 할 일이 없어 보이긴 하다. 하지만 농업 위기의 돌파구로 가족농의 해를 지정한 것이니만큼 적극적으로 대처해야 할 것이다. 농업의 위기는 생존의 위기이며 문명의 위기로 전환될 수 있기 때문이다. 2010년과 2013년 유엔의 보고서는 다급하게 기존 농업에 경고를 하고 있다. 에프티에이나 TPP(환태평양경제동반자협정) 등 국제 통상조약들이 대단히 위험하다고 지적하고 있다. 종 다양성을 파괴하고 지역 고유문화를 없애기 때문이다.

어떻게 해야 할까? 우선, 환경농업에 대한 지원과 지지만큼 가족형 소농에 대한 지원책을 마련해야 한다. 생산은 농업법인이나 영농조합 등 기업농 형태에 지원을 집중해 왔다. 유통과 가공에도 대기업의 참여를 방치하거나 유도하기까지 했다. 작년의 농부팜 한농의 유리온실 사태가 그것이다.

중소 상인의 골목 상권을 초대형 마트로부터 보호하듯이 가족형 소농의 고유 분야를 설정하고 철저히 보호할 필요가 있다. 소농이 우리의 문명을 지키는 숭고한 사명을 수행하고 있다고 여기면서 말이다. 가족 농가의 소규모 가공에 대해서는 현재의 '식품위생법'이나 '농업의 6차 산업화법'뿐 아니라 '폐기물 관리법' 등에서 별도로 다룰 필요도 있다. 또한 가족형 소농 개념을 잘 정리해야 할 필요가 있다. 농촌다운 농촌을 지속 가능하도록 하는 데에 초점을 맞춰서 정리해야 한다. 농사의 규모와 석유 동력의 비중, 인간 노동력 비율 등이 고르게 적용되어 한국 실정에 맞는 가족형 소농이 정립될 필요가 있다.

농기계 의존율에 제한을 두는 문제는 농촌의 일손과도 밀접한 관계가 있다. 인간 노동력 비중이 최소한 얼마 이상 차지해야 한다면 이런 농민들은 준공무원급으로 인정하고 그들의 공익 노동을 높이 사야 한다. 농촌 문화가 체험의 대상에 그치지 않고 삶 자체가 되도록 하는 정책이라 하겠다. 자각된 청년들을 소농으로 안내할 필요가 있다. 요즘 머리가 깨인 청년들은 컴퓨터 앞에서 하는 일보다 몸을 쓰는 일, 자연과 직접 접촉하는 일의 고귀함을 안다. 그런 청년들을 양성하고 농촌 소농 영역으로 적극 이끌 필요가 있다.

당연하지만 농업 총생산에 대한 고려도 해야 한다. 농업인구의 재산출과 재배치도 필요하다. 여기까지 얘기가 나가다 보면 이건 대대적인 혁명에 해당한다. 그렇다. 농업의 가족농화, 토종 종자의 보존과 보급, 토양의 보호와 농지 보존 등은 이 시대의 혁명적 과제다.

마지막으로 대대적인 먹거리 정책이 뒤따라야 한다고 본다. 그 핵심은 지역먹거리 체제의 확고한 정립이다. 먹거리에 대한 일반인들의 우려는 공포에 가깝다. 먹거리가 오로지 시장 기능에 맡겨져 음식을 돈벌이의 수단으로만 여기는 풍조는 매우 위험하다. 공공재는 사유화를 제한하듯이 먹거리도 공기나 통신이나 철도처럼 공공재로 봐야 한다. 장거리 유통에 따른 식품 신선도 유지의 편법들이 무분별하게 등장하고 있다. 가족형 소농은 지역농산물 체제와 연동될 때 더욱 빛을 낼 것이다.

2010년 유엔보고서가 단언하고 있다. 세계 인민을 안정적으로 먹여 살릴 수 있는 방법은 유기재배나 자연재배의 소농 방식뿐이라고. 유전자변형이나 기계화, 화학농법을 멀리해야 한다고. 세계 무역 조약들도 이런 방향으로 개혁되어야 한다. 현재 한국 정부의 마구잡이식 에프티에이나 TPP 추진은 큰 재앙을 부를 것이다.

-〈대산농업문화〉, 2016년 봄호

환경 위기와 에너지 자급 농사

오늘 제가 할 이야기의 주제는 '환경 위기, 에너지 자립 농업'에 대한 것입니다. 아무래도 도시에 사는 사람들이 생활 속에서 환경 위기 문제를 더욱 절감할 거라고 봅니다. 기상이변이 속출하는 데다가 기후변화로 인해서 올해 난방비가 꽤 많이 들어갔죠? 그러나 도시민이다 보니 에너지 자립 농업 부분은 일상과 조금 거리가 있지 않을까 생각합니다.

이 세상 삼라만상은 크게 물질과 에너지로 구성되어 있다고 얘기합니다. 이 물질의 속성과 작용, 변화에 대해서는 다양한 전문 분야의 과학적 성취가 있습니다. 물질이 어떤 형태로 존재하는가, 어떨 때 변화하는가, 어떨 때 합성되고 분리되는가, 물질의 근원 단위는 뭔가, 분자인가 원자인가 하는 연구가 많이 진행되어 왔지요. 물질에 대해서는 에테르체 또는 플라즈마까지 얘기가 나왔어요. 우리가 가장 식별하기 좋은 물질의 형태는 고체입니다. 그렇죠? 형상이 명확하니까요. 그러나 이 물질이 변화무쌍한 과정을 거쳐서 에테르니 플라즈마니 하는 데까지 오면 물질의 기본 속성을 벗어나기 시작해요. 물질인지 아닌지 경계가 애매해집니다. 이 에너지를 동양에서는 '기'라고 얘기합니다. 에테르 플라즈마에 가까워지면 거의 기 상태가 됩니다. 그래서 최근 양자물리학에서는 물질이 에너지로 변하고, 에너지는 물질로 전환되는 것이 입증되고 있지요. 우주의 형태에 대해서도 평행이론이 나오고 또는 우주가 구가 아니라 휘어져 있다는 이론도 나오고요. 이렇듯 물질과 에너지의 경계가 거의 무너져 가고 있습니다.

제가 오늘 하고자 하는 얘기는 에너지에 관한 겁니다. 환경 위기, 농업 위기를 말하려 하면서 왜 물질과 에너지 얘기부터 시작을 하느냐, 제 얘기의 좌표를 찍으려는 겁니다. 제가 무슨 얘기를 하고자 하는지, 여러 과목 과제 중에 어느 부위에 있는 이야기인지 윤곽을 그려 본 겁니다.

물질 부분이 자연과학의 과제였다면 에너지는 영성 종교 분야의 과제였습니다. 기, 마음 이런 거요. 에너지, 기 얘기에서 오늘은 에너지 얘기를 하는 것입니다. 그러면 이제 환경농업으로 넘어가 보겠습니다. 에너지와 환경(위기). 이 이야기는 식상할 정도로 많이 들었으리라 봅니다. TV 다큐 같은 데서도 환경 얘기가 나오고 환경 위기를 깊이 공감할 수밖에 없는 게 현실이기도 하지요. 폭설이 내렸다가 한겨울에 비가 쏟아졌다가, 지금 호주는 섭씨 52도까지 치솟고 있다 합니다. 케냐 같은 곳, 특히 서부아프리카 같은 곳은 기근이 말도 못하게 심해서, 기근 난민들, 가뭄 난민들이 탈출을 시도하고 있고요.

환경 위기는 굉장히 익숙한 얘기입니다. 그 환경 위기가 에너지와 직결되어 있다는 말입니다. 에너지란 곧 인간의 현대 물질문명과 떼려야 뗄 수 없는 관계이고요. 환경 위기, 이러면 대개 환경 위기의 근원을 인류의 물질문명에서 비롯되었다! 여기까지는 대개 동의를 해요.

환경 위기의 본질은 에너지 문제

인간 물질문명의 핵이 무엇이냐, 바로 에너지입니다. 에너지 얘기를 빼놓고는 환경 위기를 얘기할 수 없습니다. 그리고 환경 위기를 얘기할 때에는 농업 문제를 빼놓을 수가 없어요. 제가 20년 전에 귀농을 하고 지금까지 농사를 지었는데, 시골로 갔을 때 바로 전북환경운동연합에 참여했습니다. 그래서 지금까지 활동하고 있는데, 환경운동연합 일을 하면서 제가 줄곧 얘기한 것이 농업이 빠진 환경운동은 앙금 없는 찐빵이라는 겁니다. 농사가 빠진 환경 얘기는 굉장히 허황돼요.

그 얘기를 차차 풀어 보겠습니다. 연결이 되지요? 환경 위기와 농업이 관련이 깊다, 환경 위기의 본질은 에너지 문제다, 에너지 문제는 다른 말로 하면 인간의 물질문명이다, 그리고 세상을 구성하는 두 가지 요소는 에너지와 물질이라는 것. 그러나 에너지와 물질은 그때그때 상황 조건에 따라서 형태를 주고받습니다. 햇빛은 물질인가요, 에너지인가요? 햇빛은 물질적 요소와 에너지 요소를 다 갖고 있습니다. 입자이기도 하고, 파동이기도 하지요.

이 에너지 부분이 어떤 정도로 현재 문명을 지탱하는지, 다른 말로 하면 우리가 얼마나 에너지에 중독된 상태로 살아가는지 살펴보고, 환경 위기의 양상, 농업 분야의 에너지 부분을 알아보겠습니다.

사실 농업이라고 하면 단순하게 생각할 겁니다. 우리가 쓰는 대부분의 생활재들은 여러 단계의 가공 과정을 거치기 때문에 농업의 산물이라고 생각하지 않습니다. 옷을 사 입으면서 농부들의 노고가 스며 있구나 하는 생각은 안 하지요. 의류 회사의 재단사나 미싱사 정도는 생각할 수도 있겠습니다. 옛날에는 1차 가공이 주를 이뤘고 1차 산물을 사용했습니다. 이것은 전부 농업에서 나온 겁니다. 먹는 것뿐만 아니라 자는 거, 입는 거 모두가 다 농업에서 나옵니다. 왜냐구요? 땅에서 나오는 거니까요. 원재료는 다 농업입니다.

이럴 때 우리가 말하는 생활 변혁이라면 우리 일상의 어느 부분을 바꿀 것인가, 거의 무의식적으로 반복하는 내 생활의 어떤 부분을 포기하고 새롭게 수용할 것인가가 중심입니다. 우리가 현실에서 접하는 에너지로부터 환경 위기가 비롯되는데, 그 에너지는 크게 열, 빛, 역학에너지(동력) 세 가지로 구성이 되죠. 이 에너지의 형태는 석유처럼 화학물질로 되어 있기도 하고 기계로 되어 있기도 합니다. 그러나 모든 에너지는 한마디로 정리하면 햇빛에너지입니다. 햇빛에서만 에너지가 나옵니다. 조금 더 분리를 하면 현재의 햇빛에너지와 과거의 햇빛에너지 두 종류입니다.

가만히 생각을 해 봅시다. 형광등에서 나오는 빛 에너지는 밤을 밝게 만들어 줍니다. 형광등 빛의 전선을 따라가다 보면 발전소가 나오겠지요. 우리나라 에너지 중 화석연료 비중은 87%로 상당히 높습니다. 최근에는 좀 바뀌어서 핵발전소가 30%를 넘기 시작했습니다. 신재생에너지는 한 4.9%밖에 안 됩니다. 그런데 전선을 더 따라가면 결국 또 햇빛이 나옵니다. 과거의 햇빛이 화석의 형태로 매장되어 있기 때문이지요. 액체로 되어 있으면 석유, 고체는 석탄, 방사능으로 되어 있으면 우라늄입니다. 그래서 모든 에너지는 햇빛에너지다, 그리고 이 햇빛에너지는 우리에게 에너지원으로 등장할 때 두 가지 종류로 등장한다, 과거의 햇빛, 현재의 햇빛 딱 두 가지이다, 이렇게 말할 수 있습니다.

유감스럽지만 과거의 햇빛은 한정되어 있습니다. 그 존재량이 제한되어 있습니다. 제한되어 있는 화석에너지에 대한 의존도가 높을 수록 그 문명은 낭떠러지를 향해서 질주하는 것입니다. 여기서 한정되어 있다고만 한다면 문제가 없습니다. 좀 아껴 쓰면 되니까요. 그런데 사용하는 과정에 엄청난 부담을 떠안아야 합니다. 왜? 온실가스가 발생하니까요.

오존층 파괴로 태양 자외선 지구로 쏟아져

고속버스 휴게소에서 화장실에 들렀는데, 손수건을 가지고 온 사람이 단 한 사람도 없더군요. 전부 열풍기로 손을 말리는 거죠. 열풍기 성능이 좋으니까 손을 넣으면 자동으로 레이저 감마선이 감지를 해서 바람이 나오고 열이 같이 나옵니다. 전기에너지가 제일 고약한 에너지입니다. 전기가 나오기까지 원 에너지에서 여러 차례 변신을 합니다. 석유를 태우든지 석탄을 태우든지 해서 물을 끓이고 터빈을 돌립니다. 화학에너지가 역학에너지로 바뀌었지요? 차근차근 생각해 보지요. 물을 끓여서 증기를 만듭니다. 기초를 만들었어요. 그리고 터빈을 돌리면 회전에너지 형태의 역학에너지로 바뀝니다. 그게 발전기를 돌려 전기가 되고, 다시 화장실의 열풍기 모터를 돌려 더운 바람이 나오는 겁니다. 팬이 돌아가서 바람이 나오고, 니크롬선이 가열되어 열이 나오고요.

대체 몇 번이나 전환이 되고 있나요? 이렇다 보니 최고 효율이란 것이 좋아야 15%에서 30% 이내입니다. 인간이 발명한 최고의 기계도 30% 이상 넘어가는 효율을 내지 못합니다. 그 얘기는 100을 넣으면 30밖에 안 나온다는 얘깁니다. 에너지 변환, 이걸 여러 차례 반복하면 10% 이내로 떨어집니다.

에너지는 이렇게 구성되어 있는데, 우리는 이를 얼마나 탕진하고 있는가. 이 과정에서 인간이 짊어져야 될 부담 가운데 하나가 지구온난화입니다. 이산화탄소가 나오니까 탄소발자국이라고 말합니다. 우리가 사는 지구에는 엄청난 양의 햇빛에너지가 쏟아져 들어옵니다. 태양으로부터 8분 19초 만에 지구에 도달하는 에너지. 원래는 이 에너지가 밖으로 빠져나가야 합니다. 일부는 복사열로 남지만, 태양에너지 자체가 너무 강력하기 때문에 빠져나가지 않으면 지구가 타버립니다. 대기권은 보통 1,000킬로미터 남짓입니다. 지구온난화는 지구에 비닐하우스를 쳐 놓은 것이나 다름없습니다. 빛이 못 나갑니다. 들어오기만 하고 못 나가니 지구가 더워지는 것이지요.

북극 빙하는 햇빛을 그대로 거울처럼 반사를 해 줍니다. 그래서 우주로 내보내는데 매년 한반도 몇 배 크기씩 빙하가 줄어드니까 햇빛에너지를 그대로 지구가 흡수해 버립니다. 복사열이 커지고 다시 온실가스에 의해서 지구가 굉장히 더워지는 거죠. 지구 전체 평균온도가 최근 100년간 0.74도가 올라갔다고 합니다. 한반도는 두 배가 더 올라갔습니다. 앞으로 100년 동안 지구 평균온도가 6.4도 오를 거라고 합니다. 우리나라는 이것의 두 배가 오르지 않을까 싶습니다. 한국의 급속한 공업화가 한반도 평균온도를 세계 평균온도의 두 배로 올리는 거죠.

요즘 성능 좋은 자동차는 연비가 어느 정도 나오나요? 15~20킬로미터 나오면 좋은 거죠? 자동차 연비가 15킬로미터라고 하면, 휘발유 1리터로 15킬로미터를 주행할 수 있다는 얘기입니다. 아반떼 승용차를 트렁크, 바퀴, 운전대 이렇게 전부 분해해서 성인 남자가 어깨에 메고 15킬로미터를 걸어서 옮긴다고 하면 얼마가 걸릴까요? 하루 가지고는 안 되겠죠. 이틀 걸릴까요? 왜 이런 얘기를 꺼내느냐 하면 1리터 연비를 비교해 보기 위해서입니다. 2리터짜리 페트병의 반에 해당하는 기름으로 15킬로미터를 얼마 만에 갑니까. 한 20분이면 갑니다. 평균적인 노동력을 가진 건장한 성인 남자가 그걸 옮긴다고 생각하면, 휘발유 1리터에 얼마만큼의 에너지가 농축되어 있는지 상상이 갑니다. 휘발유 한 숟가락이 건강한 남성의 다섯 시간 노동력이라고 합니다. 굉장한 노동력이죠.

대한민국 중산층 사람들의 생활을 중세 봉건시대와 비교하면 가구당 50명의 노예를 부리는 것과 같다고 합니다. 우리 집에는 가정부도 없는데, 무슨 50명의 노예를 거느린다고 하느냐, 의아할 겁니다. 청소는 진공청소기로 하고, 세탁기는 스위치만 누르면 세탁에서 건조까지 다 됩니다. 이를 사람이 한다고 생각해 봅시다. 빨랫감을 머리에 이고 냇가에 가서 방망이질해서 빨래하고 손으로 짜서 말리고…. 노예 50명이라는 말이 그냥 나온 말이 아님을 알 수 있을 거라 봅니다. 가마를 타고 15킬로미터를 가려면 노예 네 명 가지고도 어려움이 클 겁니다. 그만큼 우리는 의식하지 못하는 상태로 에너지에 의존하며 살고 있습니다. 에너지 인간인 것이지요.

우리는 석유에 중독돼 살고 있다

최근 들어 피크오일(Peak Oil, 석유정점)을 비롯해 몇 가지 거론되는 잘못된 의제들이 있습니다. 불타는 얼음, 암모니아 냉각 얼음이라고 해서 오일샌드이니 셰일오일, 셰일가스, 메탄하이드레이트라는 얘기는 들어 보았을 겁니다. 모두 각광을 받는 미래 에너지들입니다. 셰일오일은 바위층 지각 저 아래 바위 속에 점박이처럼 박혀 있는 기름을 빼내는 겁니다. 우리나라 집에서 쓰는 LPG가스 값이 7~8년 사이에 많이 올랐죠? 미국은 3년 사이에 가스 값이 4분의 1로 내려갔습니다. 미국 석유 자급률이 엄청 올라가고 있습니다. 그건 셰일오일을 이용해서 그런 겁니다. 땅속에 있는 바위에 점점이 박혀 있는 기름을 고압 물을 이용해서 지하에서 파쇄를 합니다. 기름 성분이 떠오르는 걸 빨아들여서 기름으로 쓰는 것이죠. 기름이 거의

다 되었다, 정점을 넘었다, 이렇게 되었을 때 새로운 에너지원이 개발됩니다. 특히 메탄하이드레이트라고 하는 것은 북극 지방, 툰드라 지방 얼음 지하에 꽉 차 있는 고체 메탄인데, 인류가 50년 쓰고도 남는 양이라고 합니다.

그런데 무엇이 문제인가 하면 우리가 석유에 중독되어 산다는 것은 꼭 에너지만을 이야기하는 것이 아니라는 점입니다. 제가 쓰고 있는 안경도 석유로 만든 겁니다. 화학섬유 옷들은 전부 다 원유에서 뽑아내는 것들입니다. 심지어 배 아플 때 먹는 아스피린도 석유로 만듭니다. 생일날 케이크에 초 꽂고 축하노래 부르는데, 케이크도 사실은 석유를 사용해서 만드는 겁니다. 케이크에 들어가는 각종 크림들을 만들 때 석유를 이용해야 하니까요. 석유가 없어지면 문명 자체가 무너져 버립니다. 재생에너지, 대체에너지, 셰일가스가 아무리 나와도 안 되는 겁니다. 대체될 수 있는 물질이 없다는 겁니다.

두 번째는 우리가 화석에너지를 씀으로써 오존층이 파괴되고, 피부암, 백내장 등 엄청난 질환자들이 생겨난다는 점입니다. 최근에 주의력 결핍증이라든가 하는 것들도 관계가 있는 것으로 나오고 있습니다. 기후변화, 지구온난화는 무수한 질병을 야기하고, 다른 물질계를 거의 붕괴시키는 측면이 있습니다.

우리나라 사람들은 일회용 컵을 하루에 몇 개 정도 쓸까요? 3천만 개 이상 씁니다. 20년산 나무 20그루가 쓰러지는 거죠. 거의 무의식적으로 쓰는 것들입니다. 서울 지하철에는 계단이 있는데 전부 에스컬레이터를 타고 갑니다. 다리가 멀쩡한데도 말입니다. 기계에 실려 다녀야 하는 사람은 장애인이나 다친 사람이지요. 이렇게 에스컬레이터를 타니까 운동량이 부족하고, 안 걷고 운전만 하니까 또 운동량 부족하지요? 그래서 돈 주고 헬스장 가서 운동합니다. 외계인이 보면 참 웃긴다고 하지 않을까요?

이제 농사 얘기 좀 해 볼까요? 요즘은 농산물 평균가격의 68%가 석유값입니다. 우리가 사과를 100원에 사 먹으면 생산비 68원이 석유값입니다. 왜일까요? 농약, 비료, 농기구 등이 전부 다 석유를 쓰는 것들입니다. 운반하는 박스, 싣고 가는 차량, 특히나 요리할 때 등 모두가 석유입니다. 바깥에 나와 식사를 하게 되면 원하건 원치 않건 음식들을 사 먹습니다. 겨울 식단을 장식하는 엽채류는 100% 온실에서 생산됩니다. 도시 근교농업은 전부 다 온실에서 이루어집니다. 이 과정이 지구온난화를 엄청나게 촉진시키는 겁니다. 지구온난화를 촉진하는 것뿐 아니라 음식물로서 거의 가치가 없습니다.

지구온난화 촉진하는 시설농업

서울 근교농업의 경우에는 땅이 비싸니까 1년에 작물을 최대 27

번 생산합니다. 옛날에는 2모작을 했지요? 모를 심고 가을에는 밀, 보리, 마늘, 양파 이런 걸 심습니다. 근데 27모작을 한다고 합니다. 보름에 한 번씩 빼내는 겁니다. 1년에 27번을 빼 먹으니 그 땅이 견뎌 낼까요? 이렇게 속성재배를 하다 보니 그게 독이 되는 겁니다. 채소를 먹을 때는 짙푸른 초록색 채소는 절대 먹으면 안 됩니다. 겨울철에는 100% 질소 과다입니다. 질소는 우리 몸에 들어가면 아질산태질소라는 것으로 바뀌어서, 고기나 생선에 포함된 단백질과 결합하여 '니트로소아민'이라는 발암물질을 만듭니다. 메트헤모글로빈이 생겨 혈액의 산소 함유량을 급격히 떨어뜨립니다. 동물성 지방과 결합이 되면 바로 헤모글로빈을 파괴하는 작용을 합니다.

그래서 겨울에는 계절을 거스르는 짙푸른 채소에 고기를 먹을 게 아니라 저장 음식, 시래기, 된장, 김치 같은 음식을 먹어야 합니다. 이 땅이 푸른 잎을 내주질 않는데, 어거지로 푸른 잎을 만드니 탈이 안 날 수가 없는 겁니다. 우리 농업이 이런 상태입니다. 복날이 되면 삼계탕을 먹습니다. 삼계탕 집에 나오는 병아리는 생후 몇 일 정도 되었을까요? 제가 귀농한 20년 전에는 한 45일 걸렸습니다. 지금은 27일입니다.

옛날 시골에서 명절이 되거나 혼례식이 있으면 백 근짜리 돼지를 잡았습니다. 백 근이면 60킬로그램이지요. 돼지가 백 근 정도 되면 맛이 참 좋다고 합니다. 백 근이 되려면 6개월을 키워야 합니다. 돼지가 새끼 놓고 젖 떼려면 50일 정도가 걸립니다. 젖 뗀 새끼 데려다 5개월 더 키워야 백 근 됐으니 생후 7개월 돼야 백 근, 60킬로그램이 됐다 이 말입니다. 그런데 지금은 어떤가요? 지금은 돼지를 키워서 110킬로그램이 되면 돼지를 잡습니다. 이게 딱 180일, 즉 6개월 정도 걸립니다. 완전히 두 배로 빨리 자랍니다. 소도 마찬가지입니다. 하루가 다르게 모든 것이 상업화되니까 돈벌이가 유일한 목적입니다.

얼마 전 홈플러스에서 스테인리스로 된 접시 진열대가 발암물질이라고 해서 수거한 적이 있습니다. 그게 세슘입니다. 세슘을 1차 도금하면 상당히 예쁩니다. 2차 도금을 하면 광택과 내구성이 상당히 좋아집니다. 그러니까 공장 사람들이 그렇게 하는 겁니다. 하지만 이 사람들이 과학자는 아닙니다. 이렇듯 인류 문명은 편리하고 신속하며, 보기 좋고, 내구성 좋고, 오래 가는 걸 추구하게 되어 있습니다.

여름이 굉장히 길어졌지요? 1920년대에는 110일이 여름이었습니다. 3개월이 넘었죠. 2040년에는 25일이 길어져서 135일이 됩니다. 여름은 점점 길어지고 겨울은 점점 짧아져 절기가 달라져 가는 거죠. 평균기온이 올라가면 병원균 활동이 활발해져서 농약을 많이 치게 됩니다. 최근 농업진흥청에서 100년 동안 대한민국 기후변화에 따르는 작물 체계의 변화를 전자지도로 만들어 냈다고 합니다.

그러면서 아열대성 작물을 심으라고 합니다. 필리핀에서 수입하던 바나나, 망고 이런 것들을 만들어 낼 수 있다는 것이죠. 하지만 그 측면만 바라본다면 기후변화를 굉장히 좁게 바라보는 겁니다.

왜 그런지 한번 살펴볼까요? 대한민국 사람이 황색 피부에 까만 털이 나고, 골격이 지금처럼 형성되어 있는 것은 적어도 몇 만 년 동안 진화된 결과입니다. 서양인이 털이 노랗고, 코도 크고, 키도 크고, 하얀 피부를 갖게 된 것도 최소한 몇 만 년은 진화된 결과이고요. 우린 다 25만 년 전에 아프리카에서 시작된 인류 조상으로부터 나왔지만 이렇게 달라진 겁니다.

작물도 마찬가지입니다. 우리나라가 30년 후면 2도가 올라간다고 하는데, 5도 올라가면 5도 올라간 열대작물을 심으면 되는가? 안 되는 겁니다. 적응이 안 되는 것이지요. 바이러스가 급증하고 탄저병이 엄청나게 늘어날 겁니다. 제가 갓 귀농했던 20년 전에는 고추밭에 한 네 번 정도 약을 쳤습니다. 요즘에는 보통 열 번 내지 열 두 번 칩니다. 게다가 지금 치는 농약은 아주 고약해요. 흡착제, 유착제, 광택제, 유화제 이런 게 섞여 있습니다. 내일 비가 오더라도 오늘 약을 치면 됩니다. 침투제가 있어서 사과로 치면 2밀리미터 정도 속으로 파고들어 가는 농약입니다. 빗물이 흘러도 끄떡없어요. 우리 과학이 많이 발전됐죠? 지독한 농약이에요. 유화제도 나왔습니다. 사과를 따기 일주일 전에 농약을 쳤는데, 농약이 잔류 검사에서 나오면 안 되겠죠? 이때 유화제를 치면 농약 성분을 중화시켜서 잔류 검사에 안 나옵니다. 요즘 사과가 아주 빨갛죠? 착색제를 친 겁니다. 반짝반짝 윤택이 나는 건 광택제를 친 것이고요. 오래 싱싱하라고 산화방지제도 칩니다. 날이 더워지면 더 심해집니다. 이런데도 아열대성 작물만 옮겨 심으면 될까요? 이게 기후변화 대응 농업일까요?

흔히 시설농업이라 하고, 농진청에서는 빌딩농업이라 하는데, 거의 자동화되어 있는 형태의 농업입니다. 고속도로나 국도를 타고 갈 때 평야지대에 있는 비닐하우스들이 먼 데서 보면 거의 호수처럼 빛이 반사돼서 허연 벌판을 이루고 있습니다. 땅은 보이지 않는 경우가 대부분이지요. 토양이 시설농사로 인해 급속하게 산성화되고 있습니다. 땅이 산성화되면 거기서 나오는 작물이 건강할 수 없습니다. 문제는 우리 농업이 중공업화되는 데에 있습니다.

농사를 지을 때 농사 경작 비용 중에 인건비가 차지하는 비중, 또 농자재, 씨앗, 농약, 비료가 차지하는 비중, 시설이 차지하는 비중 중에 어느 게 제일 클까요? 시설은 어디서 나옵니까? 비닐, 제어시스템, 철근 이런 것들은 공장에서 나옵니다. 노무현 대통령 때 114조 원이 농업에 투입되었습니다. 114조 원의 한 76% 정도가 공업으로 투자가 됐고요. 농업 분야에 에너지가 너무 많이 들어가고 있는 것이 현실입니다.

농업 분야 에너지는 농가의 생활에너지, 농사 경작에너지로 나눠집니다. 옛날에는 농업 분야에 들어가는 에너지가 없었습니다. 제철에 농사를 지었으니까요. 봄에 씨 뿌리고 여름에 가꾸고 가을에 추수했지요. 헌데 사시사철 농사를 지으려고 하니까 농자재도 석유화학제품 일색이고, 겨울철에는 난방이 필요합니다. 엄청난 석유화학 에너지가 소비됩니다. 요즘은 겨울에도 딸기를 먹습니다. 사실은 석유를 먹는 겁니다. 흔히들 "핵발전소는 절대 안 된다."고 합니다. 그런데 겨울에 딸기 먹는다? 그건 이율배반입니다. 탈핵 운동하는 사람은 겨울에 딸기, 삼겹살 이런 거 먹으면 안 됩니다. 사료 먹여 밀집축산으로 돼지를 키우니까 비계가 많습니다. 그게 삼겹살인데, 옛날 자연 상태의 가축들은 껍질과 살뿐, 비계가 거의 없었습니다. 삼겹살 안 먹는 게 탈핵입니다.

탈핵 주장하면서 삼겹살 먹어선 안 돼

우리나라 핵발전소는 전 세계적으로 최고의 밀집도를 보이고 있습니다. 핵발전소가 제일 많은 나라는 프랑스인데, 프랑스 핵발전소 밀집도가 2위입니다. 밀집도라고 하는 것은 핵발전소 하나당 차지하는 국토 면적 비율입니다. 밀집도가 제일 높다는 이유는 만일의 경우 사고가 났을 때 피해가 그만큼 크다는 겁니다. 우리나라는 프랑스보다 두 배나 밀집도가 높은 세계 1위입니다.

후쿠시마, 미국 드리마일, 체르노빌 사고가 났을 때 경보가 떨어지면서 첫 번째로 주민 대피 명령이 내려지는 것이 30킬로미터 반경입니다. 30킬로미터 안에 있는 사람들은 무조건 도망가라는 것이지요. 후쿠시마 사고가 났을 때는 7분 30초 전에 경보가 떨어졌습니다. 7분 30초 내에 30킬로미터 밖으로 나가라는 겁니다. 이게 가능하지 않은 사람도 있겠죠. 우리나라 고리발전소 반경 30킬로미터 안에 320만 명이 삽니다. 울진은 몇 십만 이렇게 되고요. 합하면 400만이 됩니다. 사고가 났다 하면 30킬로미터 밖으로 당장 나가야 합니다. 체르노빌은 허허벌판이었습니다. 후쿠시마도 마찬가지고요. 그럼에도 불구하고 엄청나게 많은 사람들이 죽었습니다. 4만 명가량 죽었다고 합니다. 이후 세슘이라던가 라듐 방사능에 의해서 일본은 거의 100만 명이 죽을 거라는 계산이 나오고 있습니다.

제가 쓴 책 『아름다운 후퇴』에 보면, 독일에 다녀와서 한국의 핵 문제에 관해 쓴 내용이 있습니다. 우리가 집에서 전기를 쓰면 한 달에 200킬로와트 정도 씁니다. 이 중 34%가 핵발전소 전기입니다. 핵발전소가 돌아가면 고준위 폐기물, 중저준위 폐기물 두 가지가 나옵니다. 중저준위 폐기물은 근로자들이 입었던 옷, 청소했던 걸레, 교체된 부품 등이고, 고준위 폐기물은 우라늄 연료봉입니다.

전 세계 어디에도 고준위 폐기물 저장소가 따로 없습니다. 고준위 폐기물은 전부 핵발전소 안에, 또는 저수조에 담가 둡니다. 갓 꺼 낸 연료봉은 뜨겁습니다. 그러니 물로 식혀야지요. 이걸 냉각수라 합니다. 이 물을 계속 교체해 줘야 하니까 핵발전소를 바닷가에 짓 는 겁니다. 냉각수 돌려서 나오는 바닷물이 미지근하니까 근처 바 닷가 어종이 다 바뀝니다. 동해 울진 앞바다에 명태가 없습니다. 해 수면 온도가 1.5도 올라갔거든요.

평균온도가 5도가 올라가면 지구에 있는 모든 생명체의 95%가 절멸합니다. 상상이 잘 안 될 겁니다. 한국보다 훨씬 뜨거운 적도에 도 사람들이 잘 사는데 5도 올라간 게 뭐 어떻겠냐고 생각할 수 있 습니다. 하지만 지구에 있는 모든 생명체는 수억 년을 통해서 그 토 양과 기후변화에 적응되어 있습니다. 우리 몸의 온도가 2도가 올라 간다고 생각해 보십시오. 머리가 깨질 듯하는 거죠. 2도만 올라가도 고열입니다. 지구 평균기온이 2도가 올라간다? 지구 머리가 깨질 듯 시달리게 되는 겁니다. 물론 지구에는 빙하기도 있고 기후변화 도 있습니다. 하지만 그러한 변화는 수백 년, 수천 년에 걸쳐서 진행 되었습니다. 현재는 어떤가요? 급속하게 기후변화가 진행되고 있습 니다.

일본에는 원전이 56기 있는데 현재는 전부 중단되어 있습니다. 2 기가 재가동을 하려고 하고 있는데, 씨름을 하고 있습니다. 우리나 라는 작년에 신월성 1호기와 신고리 2호기를 신규 가동했습니다.

아주 이례적인 일입니다. 흔히 핵발전소는 생산비가 싸다고 하는데, 생산비라고 하는 것은 건설 비용만이 아니고 사회적인 기회비용까지 포함하는 것입니다. 인근 주민에게 보상해 주는 것, 폐기물 보관하는 비용까지 모두 포함해야 합니다.

대한민국에는 중저준위 폐기물 시설도 없습니다. 현재 경주에 지하로 해수면 아래 130미터 정도로 해서 폐기물 시설을 짓고 있는데, 짓다 보니 지질대 계산이 잘못돼서 물이 새고 있습니다. 지금은 중지되다시피 하고 있고요. 폐기물을 둘 곳이 없으니 어디다 둡니까? 노천에, 지상에 임시 보관하고 있습니다. 방사능 폐기물을 동굴 지하 백 수십 미터 아래에 묻어 둬야 하는데 땅 위에 컨테이너로 해서 드럼통에 넣어 놓고 있습니다. 지금까지 한 3조를 썼는데 아직도 공사가 반도 진행이 안 됐습니다. 이게 다 핵 전기 생산비입니다. 후쿠시마를 보세요. 그 큰 피해와 복구비, 그게 다 핵 전기 생산비에 포함되어야 합니다. 과연 이것이 싼 전기일까요?

시골 마을공동체 만들기에서 에너지 자립을 위해 필요한 에너지는 마을에서 생산하자고 합니다. 서울에서도 박원순 시장이 취임하고 나서 굉장히 획기적인 정책들을 많이 씁니다. 예를 들어 최신 건축물 중에 에너지 등급이 몇 등급 이상 되면 재산세를 감면해 줍니다. 건물마다 에너지 등급이 있어요. 에너지 등급은 단열입니다. 독일의 경제 규모는 우리나라의 한 150% 됩니다. 그런데도 어떻게 하고 있느냐 하면, 전철 문이 완전 자동이 아닙니다. 내릴 사람은 그 역에 열차가 서면 버튼을 눌러야 합니다. 누르면 문이 열리고, 내릴 사람이 없으면 아예 안 열립니다.

자립에너지, 참 좋은 말입니다. 신발에 스프링을 줘서 전기를 발생시키는 장치가 있더군요. 신발에 배터리 충전기가 들어가서 충전을 시킵니다. 휴대폰 하나 충전하려면 8시간을 걸어야 합니다. 8시간 걸어가야 전기가 충전이 되는데 함부로 전기를 쓸까요? 150리터 냉장고 쓰다가 500리터 냉장고를 쓰는 이유는 뭘까요? 효율도 좋고 전기료도 적게 나온다며 갈아 치웁니다. 이 정도야, 이것쯤이야 뭐 어때서…. 이런 생각들이 사실은 유혹인 겁니다. 휴대폰은 성능이 좋아야 하기 때문에 1.8기가헤르츠(GHz) 정도 되는 고주파를 사용합니다. 고대역폭을 사용할수록 침투력이 강합니다. 그래서 뇌에 주는 영향도 굉장히 큽니다. 휴대폰 함부로 쓰면 건강에 안 좋습니다.

일본 어떤 곳에는 계단 끝 부분에 있는 철제 테두리에 1.5센티미터 정도 되는 전기 자동발생기를 만들어 놓았습니다. 발로 밟을 때마다 완충작용도 되고, 역학운동을 통해서 전기에너지를 만들어 내는 장치입니다. 예전에는 몸을 사용해서 직접 신진대사를 활발히 하면서 필요한 재화를 얻었습니다. 요즘은 모든 게 시장으로 블랙홀처럼 빨려 들어갔어요. 돈으로 거래를 하게 된 것입니다. 몸이 편해졌는데 점점 허약해지기 시작했어요. 토마토주스 만드는 데 굳이 자동믹서를 써야 하는 이유가 있나요? 현대인들이 빠져 있는 미신이 있는데, 바로 소비의 미신입니다. 큰 차, 넓은 집, 대형 냉장고….

또 있습니다. 대학은 나와야 밥벌이를 하지, 여자에게 화장은 예의지, 이런 것들도 다 미신입니다. 남에게 보여주기 위한 삶, 이런 미신을 타파하지 않으면 길이 없다, 현대 문명의 길은 없다고 봅니다. 미신을 타파해야 합니다. 몸에너지 씁시다. 걸어 다니고, 이마에 땀 흘리는 것을 보람으로 느끼면서 살아야 하는 시대입니다.

오늘 내가 만든 핵쓰레기는 얼마?

저는 어머니와 7년째 사는데, 사람들이 어머니가 어쩌면 그렇게 건강할 수 있느냐고 합니다. 그 이유는 무엇에도 의존하지 않는 삶을 살아서예요. 어머니가 서울 형님 집에 계실 때는 약을 드셨습니다. 치매약이라고 하는 것은 잘 아시겠지만 정신을 둔화시키는 겁니다. 진정제니까요. 저는 어머니를 모시기로 한 뒤 아무런 대비책 없이 약을 전부 다 버렸습니다. 자신이 있었거든요. 냉장고에 있는 모든 반찬 담는 비닐과 플라스틱 용기도 없애 버렸습니다. 유리, 사기만 사용하고, 물 한 방울도 허투루 쓰지 않겠다, 지구를 더럽히지 않겠다, 이렇게 다짐했어요. 내가 어머니를 잘 모신답시고 지구를 더럽히면 되겠느냐 해서, 집에 보일러를 안 깔고 나무만 때고, 직접 물 끓여서 큰 통에다가 목욕을 시켜 드렸어요. 수세식 화장실도 들이지 않았습니다. 수세식 화장실은 최고의 지구 오염원이니까요.

음식은 농사지은 깨끗한 제철 농산물만 섭취했습니다. 음식에는 영양과 열량이 고루 있어야 합니다. 하우스 상추는 영양도 없고 열량도 없습니다. 단백질, 지방은 있을지 모르겠지만 칼슘과 마그네슘, 규소 같은 미량요소가 없습니다. 원래 아주 적은 양이 들어가 있어야 하거든요. 자연 제철재배에서는 황금분할 비율로 들어가 있습니다. 제철 농산물은 조금만 먹어도 훨씬 가치가 높습니다.

저는 우리 집 가운데 뒷간을 제일 소중하게 여깁니다. 귀농한 뒤 지금까지 20년 동안 수세식을 써 본 적이 없습니다. 우리 집 뒷간은 똥과 오줌이 각기 다른 곳으로 떨어지도록 되어 있습니다. 오줌과 똥은 상극입니다. 오줌에는 혐기성 박테리아가 있고, 똥에는 호기성 박테리아가 있습니다. 똥은 산소와 결합해야 되고, 오줌은 산소가 다가와선 안 됩니다. 그런데 똥, 오줌이 같이 수세식에 들어가니까 정화조로 가서 어떻게 되겠습니까? 똥은 끊임없이 산소를 요구합니다. 호기성 박테리아가 있으니까요. 그러니 똥, 오줌이 같이 섞이는 수세식 화장실 정화조는 온갖 해로운 박테리아가 득실거리는 온상이 되는 것입니다.

저처럼 똥, 오줌을 나눠서 일주일 내지 보름 동안 두면 기가 막힌 거름이 됩니다. 노란 똥이 안 보이죠? 위에 쌀겨라던가 은행잎을 뿌려 줍니다. 은행잎은 굉장한 중화력이 있습니다. 똥이 또 떨어지면 그 사이에 공기층이 생깁니다. 이 생태화장실이야말로 똥이 밥 되는, 밥이 또 사람 몸을 통과하여 똥이 되고, 그 똥이 다시 살아 농작물이 되는, 그런 상생 순환하는 곳입니다. 이것이 농촌의 원래 모습이고 우리가 추구해 가야 할 모습입니다.

사람 사이에도 통하지 않으면 서로 막힙니다. 지구 생태계도 끊임없이 통해야 합니다. 모아 둔 오줌은 밭에 제초제로 씁니다. 파종하면 콩, 팥 씨앗이 올라오기 전에 잡초가 먼저 올라오지요? 물조리개에 오줌을 담아서 뿌려 주면 바늘처럼 올라오는 잡초가 다 죽어 버립니다.

일곱 마지기 반, 여덟 마지기 정도 벼농사를 지었는데, 꼭 한 마지기나 두 마지기는 손으로 벱니다. 콤바인으로 안 하고요. 또 발 탈곡기로 타작을 하는데, 이렇게 타작하면 시간이 많이 걸립니다. 콤바인으로 다 하면 즉석에서 다 베고 탈곡을 해서 가마니에 딱 담아 줍니다. 저는 두 마지기를 손으로 베고 말리는 데 일주일, 발 탈곡기로 하는 데 이틀 정도 걸립니다. 인건비가 굉장히 많이 들지요. 그래서 7만 원 주고 한 시간 만에 콤바인으로 해버릴 거냐, 아니면 열흘 이상 걸려서 돈 더 들이고 할 거냐, 이런 고민을 합니다. 경제성을 따지거나 효율성을 따지면 당연히 한 시간 만에 해 버리는 걸 선택해야겠죠.

저는 타작할 때 친구들을 부릅니다. 그러면 날을 맞춰서 옵니다. 이 친구들이 일을 해 주고 품삯을 받아 가느냐, 그렇지 않습니다. 올 때 막걸리 한 병 들고 오고, 고기 한 근 사 오고, 이렇게 와서 일해 주고 나서는 고맙다고 하면서 갑니다. 친구들하고 친교도 나누고 그야말로 새로운 경제 시스템입니다. 이에 대해서는 일본의 진보학자 가라타니 고진이라는 분이 잘 설명하고 있습니다. 호혜의 경제, 교환경제라고 해서 적정기술운동이라는 겁니다. 현대 기술은 시장에 포박되면서 대부분 마진을 향해서 기술이 질주하는 시스템입니다. 어떻게 하면 돈을 더 벌 것인가를 연구하지요. 그러니까 쓸데없는 기술들이 우리들을 현혹시키는 겁니다. 적정기술운동은 기술의 힘을 빌리고 나머지는 스스로 하는 방법입니다.

육식은 지구를 병들게 한다

우리가 흔히 먹는 음식 종류에 따라 생산 과정에 어느 정도 에너지가 투입되는지 살펴볼까요? 고기 1인분이 곡물 17인분을 대체한다고 얘기하는데, 소고기 1인분이 만들어지려면 밀 17인분 만드는 물이 들어갑니다. 밀 17인분 만드는 화석연료가 들어가고요. 육식을 하게 되면 그만큼 이산화탄소 발생이 많아지고, 지구 사막화가 가속화됩니다. 열대우림 지역, 특히 아마존 밀림을 태워서 사료작물을 재배하고 있다는 사실은 익히 알고 있을 것입니다.

육식이 이산화탄소 발생량이 아주 많고, 제일 낮은 게 견과류, 과채류, 화채류, 야채 이런 것들입니다. 동물성 지방과 식물성 지방은 역할이 다릅니다. 『잡식동물의 딜레마』라는 책을 쓴 마이클 폴란은 "내가 먹은 오늘의 밥 한 그릇은 고도의 정치 행위다."라고 했습니다. 새누리당을 찍을 것이냐, 진보정당을 찍을 것이냐, 이게 정치 행위가 아니라 어떤 밥상을 선택하느냐 이게 굉장한 정치 행위라는 겁니다. 정치가 뭡니까? 자연재해, 복지 문제, 육아 문제, 교육 문제 등을 다루는 것입니다. 내 밥 한 그릇이 지구온난화에 영향을 미치고 토양을 사막화하는 데 관여하고 있습니다. 토양이 사막화되고 농가 살림이 붕괴되면 정부 재정이 농산물 가격지지 정책, 농산물 직불제 강화 정책 등으로 나갑니다. 우리나라 의료비의 25%가 65세 이상의 노인 의료비로 들어가고 있습니다. 노인층이 병약하다 이겁니다. 우리의 행위가 혹시라도 그것을 방치하는 데 작용했다면 고도의 정치 행위에 참여한 겁니다.

세계의 공적 기후변화 시대, 환경 위기 시대에 개인 차원에서 할 수 있는 새로운 선택들이 있습니다. 그다음으로 단체, 그룹, 공동체, 집단 차원에서 할 수 있는 역할들이 또 있을 거라고 봅니다. 후손들의 재화를 끌어다 쓰는 게 오늘날 풍요로운 물질문명의 바탕입니다. 핵발전소에서 나오는 전기를 우리가 흥청망청 쓴다는 것에 대해 굉장한 죄책감을 가져야 합니다. 자손 세대의 피를 뽑아 우리가 쓰는 거니까요. 대단히 부도덕하고 아주 못돼 먹은 선조가 되는 것이지요. 핵쓰레기라는 더러운 유산을 물려주니까요.

부자는 가난한 사람들에게 죄책감을 가져야 합니다. 부자가 가진 기름진 풍요의 대가는 가난한 사람들도 똑같이 감당해야 하니까요. 폭우와 태풍이 부자한테만 오나요? 기상이변의 가장 큰 기여자는 부자입니다. 대한민국에서 96% 수입한 에너지를 흥청망청 써서 초래되는 기후변화로 인한 피해는 모든 세계가 받습니다. 도리어 저개발국 국가가 더 받습니다. 부자 나라는 방어막이 있거든요. 이런 시설을 지구온난화를 촉진해 가면서 만들어 놨어요. 그런 면에서 부자 나라는 가난한 나라에게 죄의식을 가져야 합니다.

부자 나라는 재해가 나도 국민에게 보상을 해 줍니다. 북한이나 제3세계 같은 나라에서는 누가 보상을 해 주나요? 나라에 돈이 없는데…. 이제는 우리가 세계 공민으로서의 의식을 가져야 합니다. 세계가 글로벌해졌다는 것은 전 세계 자본의 자유화, 이것만 글로벌이 아니라 재난의 글로벌화 또한 이루어져 있는 것입니다. 물질문명의 혜택 속에서 풍요롭게 사는 나라와 부자들은 죄책감을 가져야 합니다. 마찬가지로 남한 사람들은 북한 사람들에게 죄책감을 가져야 합니다. 인공위성에서 찍은 야경을 보세요. 남한은 한밤중에도 온통 불야성인데, 북한은 평양에 호롱불 하나 켜져 있습니다. 지구 온난화에 남한은 북한보다 아마도 수백 배 더 큰 죄를 짓고 있을 겁니다. 그 피해는 똑같이 받는 것이고요. 특히 미국은 전 세계 못사는 나라들한테 나라 부의 반을 줘도 자기들의 잘못을 씻지 못하는 나라입니다.

저에게 질문을 해 온 분들이 있었습니다. 도시에서 에너지를 소비하는 삶을 살고 있는데, 벗어나고 싶다고 용기를 달라고 하시더군요. 도시 생활을 정리하고 자연과 가까이 살고자 하는 꿈을 품고 있는 분들이 상당히 많습니다. 귀농 관련 교육프로그램에 참여해 보면 그런 분들을 많이 만날 겁니다. 같은 처지에 있는 사람들을 만나면 격려가 되지요. 우선은 도시 생활에서도 친환경적 생태적 삶의 방식을 하나씩 일구어 가는 게 좋습니다. 꼭 내가 시골로 이사를 하고 주민등록 퇴거를 해야 시골살이, 자연친화적인 삶이 완성되는 것은 아니라고 봅니다. 자신이 어디에 있든 생태적 삶을 실천해 가면 됩니다.

또 어떤 분은 도시에서 살면서 일회용품 사용이 잦아 이를 줄이고 싶은데 대안이 없을까 하고 질문을 주셨는데요, 쓰레기라고 하면 산업쓰레기, 생활쓰레기가 있는데, 생활쓰레기 쪽이 상당히 심각합니다. 저는 일회용품 또는 수거대상용품의 가격을 한 열 배 정도 올리라는 제안을 하고 싶습니다. 시골에서는 농가마다 비닐을 거의 몇 백 킬로미터씩 씁니다. 폐비닐을 수거해 오면 1킬로미터당 주는 돈이 지자체마다 50원, 250원, 300원씩 그야말로 다양합니다. 농촌의 비닐 수거율은 15% 남짓 됩니다. 끔찍하지요. 나머지는 모두 땅을 오염시키고 태워 없애는 농가도 많다 보니 공기 오염이 심각합니다. 비닐은 한 타래당 보통 길이 50미터인데, 폭 1.5미터짜리가 한 6~7천 원밖에 안 합니다. 아예 폐비닐 수거비를 높게 책정해서 가격에 포함시키면 어떨까 합니다. 일회용품에 환경부담금을 크게 물리는 것입니다. 재활용 반납을 하면 돌려주는 것으로 하고요. 가령 일회용 종이컵이 100개에 만 원이면, 3만 원에 사게 하고 2만 원은 종이컵 가져오면 되돌려주는 그런 방식이지요. 일회용품 보상제를 아주 획기적으로 하고, 또 하나는 분해되거나 재활용될 수 있는 소재를 개발해야 합니다.

- 2013년 2월 '작은책' 강연

4부

변화는
새로움을 추구할 때
찾아온다

군민에 의한 군정이 되려면

내가 살고 있는 장수군의 군의회에서 성명서를 발표했다. 성명서의 내용은 이전 군수 때 일어난 군 금고 비리에 대해 사법 당국의 엄정한 조사를 촉구하면서 혐의가 사실로 드러날 경우 엄하게 처벌할 것을 요청하는 것이었다. 전 군수 시절에 일어난 군 금고 비리 사건은 지역협력사업비로 농협에서 지원받은 총 9억 원 중에서 3억 8천만 원가량이 실제 존재하지도 않은 유령 사업에 허위 지급된 사건이다. 그렇잖아도 재임 시절 뇌물 비리로 사법 당국에 형사 입건되면서 논란이 된 적이 있는데, 이번에 또 대형 비리의혹이 드러난 것이다.

성명서에서는 비리의 주모자가 전 군수의 비서실장 김 아무개 씨라는 점을 감안해서인지 '군수의 지위를 이용한 최측근 비리'라고 규정하기까지 했다. 군청 차원에서 감사가 진행되는 것을 포함해서 이러한 군의회 움직임은 이전의 사례에 비춰 보면 진일보한 태도라 하겠다. 작년에 뇌물 비리 사건이 터졌을 때는 시민사회단체의 비리 규명 요구에 군청이나 의회는 일언반구도 대꾸를 안 했었다.

군 단위의 단체장 비리를 지역사회가 제대로 파헤쳐 밝혀내는 것은 대단히 어렵다고 한다. 종횡으로 얽인 인간관계 때문이기도 하지만, 농민들이 직간접으로 군 지원 사업에 연루되어 있기 때문이라는 게 일반적인 여론이다. 대도시나 중앙 단위에서는 의회나 감사원, 그리고 시민사회단체의 역할이 활발하여 일정한 견제와 비판이 이뤄지지만 지역사회, 특히 농촌 지역은 사정이 많이 다르다. 지방정부의 단체장이 봉건영주처럼 군림하는 경우가 있는 것은 지역사회의 촘촘한 인적 관계망 때문이라 할 수 있다.

모든 농촌 지역에서 군민에 의한 군민의 군정이 되려면 풀어야 할 과제가 한두 가지가 아니지만 이번 사례에서 몇 가지 중요한 대목을 주시할 필요가 있겠다. 군청이나 군의회의 달라진 대응은 비리 당사자가 현직이 아니라 전임 군수라는 측면도 있지만 시민사회의 달라진 활동도 한몫했다고 생각된다.

우선 '장수시민연대'라는 지역 시민단체가 생겼다는 점이다. 작년에 군수 뇌물 비리의 진상 규명을 요구했을 때는 제대로 규합되지 못한 상태였으나 이번에는 국정원의 대선 개입 규탄 활동과 지역자치학교 주민교실을 운영하면서 역량을 키워 왔던 것이다. 지속적인 시민활동체가 구성되어 있다는 것은 지역 문제에 체계적이고 지속적으로 대응할 수 있는 토대를 마련한 것이라 할 수 있다.

두 번째로는 한 가지 사안에 계속해서 관심을 가지고 지속적으로 대응했다는 점이다. 공개 기자회견을 하고 곧 이어 군수 면담과 군의회 의원 면담을 진행했으며, 다시 의회를 방문하여 네 가지 요청 사항에 대한 답변을 촉구했었다. 네 가지 요청 사항은 비리 규명 촉구 결의문 채택, 의회 차원의 별도의 진상조사위원회 구성, 비리 발생의 구조적 방지를 위한 조례 등 제도적 방안 마련, 군 지정 금고에 대한 엄격한 관리감독 방안 마련 등이었다.

세 번째로 작년과 가장 크게 달라진 점은 지역민 주도의 지역신문인 〈장수신문〉이 창간되어 이번 사건을 두 차례나 1면 톱으로 보도하면서 지역의 여론을 조성한 점이라 하겠다.

시민단체에서 추가로 군의회에 제안한 것은 '부정비리 없는 장수군 만들기 공개 연찬회(토론회)'이다. 군정에서 발생하는 부정비리 방지를 위해서는 군민 전체의 각성과 관급공사 입찰 풍토나 제도 개선의 문제가 더 중요하기 때문이다. 결과가 주목된다.

-〈한국농어민신문〉, 2014년 9월

걱정스런 한중 에프티에이(FTA)

　각종 농민 매체는 물론이고 중앙 매체까지 한목소리로 한중 에프티에이 타결로 빚어질 문제들을 다각도로 분석하면서 걱정을 쏟아 내는 마당에, 이런 분위기는 아랑곳하지 않고 환영한다는 입장을 발표하고 조속한 후속 조치를 촉구한 집단이 있으니 불난 집에 부채질하는 게 아니고 무엇인가 싶다. 다름 아닌 전국경제인연합회와 대한상공회의소, 한국무역협회, 그리고 전국은행연합회 등이다. 한중 에프티에이로 자기들이 이득을 보게 됐다는 노골적인 환호다. 얼마나 좋았으면 탄식을 하고 있는 농민들 눈치라도 살피는 척하는 염치마저 팽개치고 여러 중앙지에 대문짝만한 광고문을 동시에 실었는지 어이가 없다.

　박근혜 정부가 왜 한중 정상회담을 1시간 반쯤 남겨 두고 전격적으로 에프티에이를 타결했는지 그 속내를 알 만하다. 미국과의 에프티에이 협상이 73개월 걸린 데 반해 이번 타결은 30개월밖에 안 걸린 것을 봐도 알 수 있다. 서민과 농민의 삶이 날로 피폐해지는데도 박 정권의 부자와 대기업 편들기가 도를 넘고 있다는 단적인 예라 하겠다.

국회 비준에 이르기까지 남은 국내 절차를 전면 중지해야 한다. 그 이유는 다음과 같다. 우선, 빈사 상태의 우리 농업이 완전히 무너진다는 것이다. 우리나라는 이제 51개국과 에프티에이를 체결하게 됐다. 중국은 특별한 나라다. 다른 50개국과 비교할 수 없을 정도다. 중국은 땅덩어리가 넓고 다양한 기후대가 존재할 뿐 아니라 문화가 비슷해서 우리나라의 밥상을 점령하는 것은 시간문제다. 농산물 양허제외 품목이 있다 해도 기대하기 어렵다. 농민들이 관세가 철폐된 작물을 포기하고 대체작물을 선택하기 때문에 양허제외 품목들은 생산 급증으로 이어지고 가격 폭락은 불 보듯 뻔하다. 그동안의 경험이 그렇다. 논에 콩을 심다가 그렇게 되었고, 칠레산 과일로 인해 사과, 배, 포도, 복숭아에 이어 올해는 매실, 자두, 단감이 그렇게 되었다. 중국 농산물이 다양한 통로로 이미 우리 밥상을 흔들고 있는 판에 에프티에이 체결은 설상가상의 꼴이다.

둘째, 한중 양국 간 양허표의 세부적인 내용이 제대로 공개되지 않았다는 것이다. 영문으로 작성된 협정문 원본이 공개되어야 한다. 정부의 발표에는 과도한 자화자찬만 있고 특히 공산품은 구체적인 양허 품목이 드러나 있지 않다. 협상이 투명하게 진행되지 않았고 농민들의 요구가 반영되지 않은 채 타결된 이번 협상은 그 정당성을 인정받을 수 없다.

셋째, 오래전부터 국내에서 쟁점이 되고 있는 '농업파괴 무역이득금 환수제(일명 무역이득금 공유제)'가 확정되지 않았다는 것이다. 그러다 보니 대기업과 금융기관이 쌍수를 들고 한중 에프티에이를 환호작약하는 것이라 본다. 문명사회에는 수익자부담 원칙이라는 것이 있다. 공공재나 공공 정책으로 이익을 보는 집단이 그 비용을 부담하게 하고 이득금을 환수하여 피해 집단에게 돌려준다는 원칙이다. 이것이 정의다. 국가 공동체의 윤리다. 이런 장치가 마련되지 않은 상태에서 에프티에이로 이득을 보는 집단은 그냥 둔 채 국민 세금으로 에프티에이 피해보전직불금을 충당한다는 것은 언어도단이다. 이 제도마저도 발동 요건이 까다로워서 유명무실한 실정이다.

넷째, 막대한 농업 예산이 대기업과 중화학공업의 배를 불리는 현실을 고쳐 놓아야 하기 때문이다. 내년 농업 예산이 정부안보다 7천여억 원 증액되었다는 보도가 나오지만 이 돈이 농민들에게 가는 것이 아니라는 것은 다 아는 사실이다. 권역 개발이니 다목적 농촌 용수 개발이니 생산기반시설 정비사업이니 하는 것들이 농민 이름을 빌려 대기업과 석유화학공업 주머니 채우기로 귀착된다. 오죽하면 농민들 입에서 농진청이나 농업기술센터 직원 월급은 기업들이 줘야 한다고 할까. 왜 이들이 농기계와 농약과 농자재 외판 사원이라는 비난을 듣느냐 말이다. 에프티에이로 인한 농업 피해를 보전한답시고 투하되는 농업 예산이 농민에게 돌아가려면 이런 현실에 대한 획기적인 방책이 필요하다.

마지막으로, 농가 소득 양극화 대책이 먼저 마련되어야 하기 때문에 한중 에프티에이 후속 절차의 전면 중단을 요구하는 것이다. 우리나라 농민들의 양극화는 날로 심각해지고 있다. 농지 규모 면에서도 그렇고 소득 면에서도 그렇다. 영세농 비율이 급증하는 것은 농업 빈곤층이 심각하다는 얘기다. 농가 소득 5분위 배율(상위 20%와 하위 20%의 소득 차)은 2007년 9.5배에서 지난해에는 12.5배로 커졌다고 한다.

소득정책과 직불금제도가 전업농과 소농을 구별하여 차별적으로 시행되는 등 농가 양극화가 초래되고 있으니 그 대책을 마련하는 것이 시급하다. 소농(또는 가족농)의 보호가 사회생태적으로 얼마나 중요한지는 재론하지 않는다 해도 날로 커져 가는 농민 양극화를 그대로 둔 채 마련하는 에프티에이 후속 대책은 무의미하다.

-〈한국농어민신문〉, 2014년 11월

연구의 중심에 농민의 행복이 있어야

올 초에 아는 사람 한 분이 파산했는데, 올가을에는 또 한 이웃이 급히 농장을 팔아야겠으니 도와 달라고 찾아왔다. 그분 농장을 사서 농사짓고 살 사람을 알선해 달라는 것인데, 사연을 듣자니 안타까운 점이 한둘이 아니었다. 이들은 둘 다 토박이 40대 중·후반이니 시골에서는 상대적으로 젊은 농부들이고 규모 있게 농사를 짓던 분들이다. 중요한 것은 정부에서 하라는 대로 했다는 것이다. 농협에서 권장하는 작물을 심었고 지원과 보조가 되는 권장 시설을 갖추고 권하는 시스템으로 난방을 했다.

농업정책, 특히 농민 지원책은 그것이 중앙정부 차원이건 시·군 단위 지자체나 농협 차원이건 그냥 시행되는 것은 아니고 그 전에 거의 다 농업 관련 연구 기관에서 검토되고 분석된 연구들이라 할 수 있다. 틈날 때마다 농촌경제연구원은 물론이고 농촌진흥청이나 농림축산식품부 자료실에서 정기간행물과 함께 연구 자료를 열람하는데, 연구원들이 연구 과제를 정하고 현장 답사를 통해 실증 자료를 확보하는 동안 간단치 않은 수고를 한다는 것을 알 수 있지만 크게 바뀌었으면 하는 부분이 있다.

바로 연구 기관의 완전한 독립이다. 과제 선정이나 연구 시점이 너무 정치적 영향을 많이 받는다는 느낌을 지울 수 없다. 정권이 바뀌면 용어는 물론이고 연구의 목표 자체가 바뀌지 않나 싶을 정도다. 이번에 중국과의 자유무역협정이 타결되자마자 나온 연구 보고서와 각종 포럼 주제는 마치 협정이 정식 체결이라도 된 것처럼 전제하더라는 것이다. 여전히 쟁점이 남아 있고 국회 비준과 농업계는 물론 시민사회의 이견이 팽팽한데도 그렇게 하는 것은 연구를 통해 우리가 도달하고자 하는 바람직한 해법에 이르지 못하게 한다고 생각한다.

또한 농민의 행복을 가장 중요한 목표로 설정하고 연구했으면 한다. 소득이건, 건강이건, 노동이건, 복지건 모든 것이 행복을 위한 것이다. 수단과 목표는 엄밀히 구분된다. 고소득이 최고의 가치로 등장하고 '삶의 질'이라는 미명하에 계량화된 수치 놀음에 매인다. 행복은 참으로 소박한 삶에서 나온다는 그 본질을 망각하는 연구들이 너무도 많다. 연구 보고서들을 보다 보면 수단과 목표가 뒤집혀 있는 경우들을 본다.

농민 파산에는 개인의 부주의와 부실 운영의 원인도 있다. 그러나 파산하지 않고 외형적 성장을 뜻대로 이룬 농민들이 행복하다는 보장이 없다. 아니, 전혀 그렇지 않다고 하는 게 맞을 것이다. 시설,

생산, 돈, 농협, 판매의 노예가 된 성공 농민을 많이 볼 수 있다. 이점이 연구의 새로운 과제가 됐으면 한다.

아울러 완전한 자율 연구원 제도를 시범적으로 운영했으면 한다. 연구 성과에 전전긍긍하지 않는 연구를 보장하는 그런 연구원을 두라는 것이다. 정부의 각종 연구 프로젝트에 목매지 않는 연구원이 있다면 그 연구원은 참으로 자기가 하고 싶은 연구를 정부의 농업 정책과 무관하게 할 수 있을 것이다. 오로지 농민 행복을 위한 연구 말이다. 연구 보고서나 연구 자료들을 죽 읽다 보면 외람된 얘기지만, 저런 연구를 연구랍시고 하는 연구원들이 좀 안쓰럽다는 생각이 들 때가 있다. 밥벌이라서 그냥 논문 생산 기계처럼 오로지 막노동하는 심정으로 하지는 않았을까 하는 생각을 하게 되더라는 것이다. 자율 연구원은 성과와 효율, 업적과 승진에서 자유롭다. 이 연구원은 기본적으로 생태 환경, 생명, 평화, 모심과 살림, 공생, 상생과 헌신이라는 삶의 철학이 자신의 생활이어야 할 것이다. 이런 가치가 농업의 본령이기 때문이다. 연구과제와 연구 과정이 연구자의 삶과 동떨어지면 그 연구원은 지식 장사꾼에 지나지 않기 때문이다.

마지막으로 든 생각이 하나 더 있다. 농부와 연구원을 교환 근무해 보면 어떨까 하는 것이다. 마오쩌뚱의 중국혁명 시절에 하방이라는 제도가 있었다. 지식인이나 군 간부들이 농민 대중의 삶의 현장에 내려가서 일정 기간 농부로 살다가 다시 원직으로 돌아오는 제도다. 물론 장치의 측면도 있었지만 본 취지는 그랬다. 우리 연구원들을 해외 교환 연구원으로 보내는 것과 같이 2~3년 완전한 농부로 살게 해 보는 것이다. 농부랑 짝을 지어 교환 근무를 하는 것이다. 평생 농사를 짓던 농부가 전적으로 1~2년 연구만 할 수 있다면 현장 경험을 토대로 엄청난 연구 과제를 뽑아내리라 본다.

-〈한국농어민신문〉, 2014년 12월

4부 변화는 새로움을 추구할 때 찾아온다
241

한 마리 들짐승의 죽음

이곳 산골 마을은 하얀 눈이 참 고집스럽게 버티고 있다. 작년 초 겨울에 오지게 추울 때 내린 눈이 여태 녹지 않은 것은 얼어붙은 눈 위로 다시 눈이 내리고 그 눈이 조금 녹는 중에 다시 얼기를 반복하고 있기 때문이다.

어젯밤에도 싸락눈이 내렸다. 삼림과 들판이 얇은 홑이불처럼 눈으로 덮였다. 그 위로 또렷한 흔적이 있었으니 들짐승들의 발자국과 똥이었다. 재앙의 도화선이다. 이 발자국은 수렵꾼들의 좋은 사냥감이 된다. 발자국의 크기나 모양새를 보면 언제쯤 어떤 동물이 지나갔는지 알 수 있다. 똥은 더 정확한 실마리가 된다. 옛 동화에 신발을 거꾸로 신고 눈 위를 걸었다든가 아니면 발자국을 지우며 도망간 의인의 이야기가 왜 동물들에게는 전해지지 않았을까? 역력한 발자국을 따라 사냥꾼의 촉수가 뻗쳐 옴을 왜 모를까.

아니나 다를까, 올무에 걸려 피투성이로 죽어가는 한 생명체를 목격해야 하는 비극이 나를 기다리고 있었다. 발목뼈가 허옇게 드러나고 피딱지가 엉겨 있었다. 쓰러진 채 얼마나 발버둥을 쳤는지

엉덩짝 털이 다 벗겨지고 생살이 벌겋게 드러나 있는데, 상처를 만져 보니 얼었는지 돌처럼 딱딱하고 얼음장 같이 차가웠다.

사냥이 스포츠가 된 지 오래다. 허가 기간이 시작되면 엽총을 가지고 고라니나 멧돼지 사냥을 나서는 농부들이 있다. 총포를 놓는 거리나 산짐승을 죽일 때의 규정과 원칙이 잘 지켜지지 않는 것으로 보인다. 동물을 쫓다가 민가 옆에서 총을 쏘는 경우도 봤다. 잡아 온 산짐승을 마당에서 도륙하거나 털을 불에 그슬리는 모습을 본 적도 있다. 털가죽의 품질을 높인다고 몽둥이로 두들겨 죽이기도 한다고 들었다.

참으로 안타깝고 측은한 광경이 아닐 수 없다. 비참하게 죽어가는 산짐승은 물론이려니와 그 농부도 그렇다. 어떤 농부는 뛰어난 사냥 솜씨를 무용담으로 늘어놓고 4륜 레저용 자동차 위에 모터보트를 싣고 바다로 놀러 다니는 걸 자랑했다. 꿩을 날아오르게 해서 총으로 쏘아 잡으면 스릴이 있다고 했다. 살생이 유희가 된 셈이다.

산짐승 사냥 허가 기간도 개의치 않고 여전히 불법 올무가 성행하는 것을 보면 생명에 대한 인식의 문제가 커 보인다. 먹고살기 위한 불가피한 선택이라면 사냥을 문제 삼을 수 없으리라. 그러나 그것이 취미나 놀이가 되고 돈벌이 목적이라면 재고하지 않을 수 없다. 무고한 살생이기 때문이다.

죽어가는 들짐승 못지않게 사냥꾼(밀렵꾼)도 해를 입는다는 게 내 생각이다. 살생을 놀이 삼아 한다면 의당 심성이 거칠어지는 것을 막을 길이 없다. 결국은 자신을 해친다는 것이다. 동학 경전에도 보면, '산천초목이 편안치 못하고 강물의 고기가 편안치 못하고 나는 새와 기는 짐승이 편안치 못한데 어찌 유독 사람만 편안하기를 바라겠느냐.'라고 이른다. 세상 이치가 그렇다는 말이다. 다른 사람을 함정에 빠뜨리고 해치면서 추구하는 내 이익이 오래 갈 수 없듯이 다른 생명을 재미 삼아 해치면서 도모하는 내 건강이나 내 기쁨이 오래 가지 못하는 것은 정한 이치라 하겠다. 인권은 기본이고 동물권과 식물권 얘기가 나오는 것은 이 같은 맥락에서다.

어떤 이는 산짐승에 의한 농작물 피해가 이만저만이 아닌 현실을 지적한다. 당연히 대책이 필요하다. 얼마든지 평화적인 대책이 있을 것이다. 가장 본받을 가치는 문제와 갈등을 평화적으로 해결하는 능력에 있다고 생각한다. 고라니 한 마리에 10만 원에서 15만 원까지 건강원에 거래되는 것은 농작물 피해와는 직접 관련이 없다. 불법 올무도 마찬가지다.

아는 분 농장에 있는 진돗개는 다리가 셋이다. 농장 주인이 산을 헤매다가 3일 만에 개의 신음 소리를 듣고 발견한 그 진돗개는 올무에 걸려 있었고 끝내 다리를 절단했다. 그런데 그 농장 다른 진돗개 한 마리가 지난달 말에 다시 올무에 걸렸다. 올무를 찬 채 피를 흘리는 개를 안고 동물병원에 가서 살려 보려고 애를 썼지만 허사였다.

결국 안락사시키는 쪽으로 결정했다. 이 농장의 주인은 올무를 누가 놨는지 찾지 않았다. 시골에서 올무 놓은 사람을 찾은들 그게 해결책이 아님을 안다. 형사처벌 가지고도 해결되지 않을뿐더러 개 값을 물어 받은들 해결이 되겠는가. 이웃 간에 원수지간이 될 뿐이다.

짐승들은 배가 부르면 먹이가 있어도 잡지 않는다. 사람은 배가 불러도 더 먹고, 돈이 있어도 다른 돈이 눈에 뜨이면 눈에 불을 켜고 자기 것으로 만드는 것에 몰두한다. 태초에 사람들이 지녔던 슬기와 지혜가 막혀 버린 때문이라 한다. 인간의 재주와 지능과 욕심이 결합되면서 만들어진 슬픈 현상이다.

피투성이로 내게 발견된 고라니는 기품 있는 갈색 털에 솔방울만 한 눈을 가졌다. 너무 상처가 깊어서 날이 새면 동물보호협회에 연락하여 구조를 요청하려고 창고에 눕혔으나 새벽에 운명하고 말았다. 언 땅을 파고 묻으면서 명복을 빌었다. 농촌 사회에 들짐승에 대한 인식의 전환이 오기를 함께 빌었다.

-〈한국농어민신문〉, 2015년 1월

영덕 주민투표의 성공을 바라며

경상북도 영덕에 다녀왔다. 우리나라는 서울 등 대도시를 중심으로 교통망이 만들어져 있어서 동서를 가로질러 가는 길은 참 어렵다. 이곳 장수에서 게걸음 치듯이 옆으로 가다가 동해안에서 위로 치고 올라가는 영덕행 길은 시간이 많이 걸렸다.

이번에 몹시 바쁜 농사철임에도 녹색당 소속 농부들 세 사람이 영덕에 간 것은 '핵전'을 막기 위해서였다. 우리나라는 핵발전소를 원자력병원을 연상시키는 '원전'이라고 하고 일본에서는 '원발'이라고 부른다. 그런데 이름이 안 어울린다는 생각을 한다. 그 치명적 파괴력과 불행의 영구성을 감안하면 아무리 생각해도 적당한 이름은 '핵전'뿐이라 여겨져서 이번에 영덕에 가면서는 아예 팻말에다 '핵전'이라고 썼다. 우리가 탈원이라 않고 탈핵이라는 말에 익숙하듯이 핵전이라는 말이 익숙해지도록 자주 쓸 일이다.

우리나라는 핵전의 반경 30킬로미터 안에 사는 사람 수가 400만 명을 넘어선다. 안전불감증이란 말은 여기에 써야 한다. 후쿠시마 같은 사태가 생기면 대피할 수가 없다. 갈 곳도 없지만 그 많은 사람들이 한꺼번에 빠져나오는 것은 불가능하다. 빠져나왔다 해도 돌아갈 곳이 없는 이들이 머무를 곳은 없다. 머물 곳은 운동장이나 하천 부지의 난민촌 천막뿐일 것이다.

강원도 삼척에서는 주민투표를 통해서 일찍이 핵전을 포기했다. 핵전 적지로 지정되었던 해남과 고흥은 훨씬 이전에 포기했다. 이유는 명확하다. 당국의 사탕발림과 달리 경제유발효과도 없고 주민 갈등만 키운다는 것을 영광, 월성 등 다른 핵전 지역 방문 조사를 통해 확인했기 때문이다. 그런데 영덕은 군청에서 추진을 포기하지 않고 있다. 쌀부대를 주민들에게 나눠 주는 등 한수원(한국수력원자력)의 집요한 공작도 계속되고 있다.

영덕에 가서 인상적인 장면을 봤다. 밀양에서 오신 할머니들이다. 행진 대열에 팻말을 들고 함께 계셨다. 녹색당이나 환경운동연합 활동가들보다 이분들에게서 더 큰 인상을 받은 것은 이분들 덕분에 전기가 송전탑을 거쳐서 가정에 들어온다는 사실을 새삼스레 알았기 때문이다. 밀양 송전탑 항쟁이 있기 전에는 방에 있는 콘센트에 플러그를 꽂기만 하면 전기는 언제든지 쓸 수 있는 것으로 알았다. 밀양 할머니들 덕분에 전기가 산을 까뭉개고 논밭을 망가뜨리며 농부들의 머리 위에 전자파를 뿌려 대면서 온다는 것을 알게 된 것이다. 제비들이 나란히 앉아 있는 낭만 어린 전깃줄만 떠올리다가 그것이 동경 어린 추억에 불과함을 알았다.

얼마 전에 기획재정부는 신고리 3호기 핵전의 운영 허가를 내줬다. 핵전 지역뿐 아니라 밀양 할머니들께 안기는 핵폭탄이다. 밀양 할머니들이 영덕에 오신 것은 전라도에서 국토를 횡단하며 영덕에 간 것과 다를 바가 없다고 여겨진다. 핵전 문제는 너와 나, 경상도와 전라도가 따로 존재할 수 없다. 이곳 장수도 영광 핵전에서 오는 전기를 쓴다. 남원을 거쳐 오는데, 남원 지역 송전탑 주민들의 거센 반발을 누르고 전기가 오고 있다. 그래서 멀리 영덕까지 갔던 것이다.

우리나라의 핵전은 핵 밀집도가 워낙 높아서 영남과 호남을 가리지 않으며 동아시아 전체의 재앙이 될 수 있다. 3년 전에는 일본 후쿠시마의 핵전 난민들을 수용하기 위해서 일본에서 이곳 장수군에 와서 집단이주 협상을 진행한 적이 있다. 동아시아의 재앙이라는 말이 헛말이 아님을 알 수 있다. 영덕 주민투표일은 11월 11일이다. 70% 이상의 영덕 주민이 핵전에 반대하고 있다는 조사 발표가 나오고 있지만 관계 기관의 방해를 무릅쓰고 주민들이 투표장까지 오느냐가 관건이라고 한다. 투표인 명부도 선관위로부터 받을 수가 없어서 일일이 호구방문을 하여 작성하고 있다고 한다. 영덕 주민투표의 성공은 핵 지뢰를 이 땅에 더 묻지 않겠다는 선언이 된다.

-〈경남도민일보〉, 2015년 11월

귀농 · 귀촌 인구 통계 읽기와 대응

'지난 3월 19일 농축식품부와 통계청 발표에 따르면, 2014년 한 해 동안의 귀농 · 귀촌 가구 수가 44,586가구에 이른 것으로 나타났다.'는 보도가 중앙 일간지와 지방지는 물론 농업 관련 매체에 나란히 등장했다. 이어지는 기사 역시 똑같았는데, 바로 전년도인 2013년과 비교하는 기사다. 전년도에는 귀농 · 귀촌 총 가구 수가 32,424가구였고, 2014년도에는 37.5%나 급증한 것으로 역대 최대 수치라는 것이다.

여기까지는 사실 보도다. 사실 관계는 원 통계자료에 근거하는 것으로 매체마다 똑같을 수밖에 없다. 그러나 그다음의 분석 기사들도 한결같다. 가령 이런 것이다. 1) 베이비붐 세대(1955~1963년생)의 퇴직이 집중되는 시기와 맞물려 있다, 2) 전원생활에 대한 관심과 농촌의 부가가치 산업으로서의 기대가 커졌다, 3) 앞으로도 당분간 이런 추세로 귀농 · 귀촌 인구의 증가가 예상된다 등등. 이러다 보니 매체들 간에 분석의 독특함과 차별성이 보이지 않는다.

빠지지 않는 보도가 또 있다. 이것도 몇 년째 그대로 반복된다.

경상북도가 올해도 전국 귀농 가구 수 1위를 기록했는데 2,172가구로 전체 귀농 가구 수의 19.5%나 된다는 내용이다. 2위는 역시 전라남도라는 것이다. 귀농 가구 수로 매기는 등수가 바뀌지 않는 이유를 좀 더 깊이 분석할 필요가 있다.

경상북도는 인구수가 2013년 12월 현재 269만 명으로, 전국 9개 도 단위 지자체 중 상위를 차지한다. 2위를 한 전라남도는 같은 시기 현재 인구수가 190만 명으로 경상북도보다 훨씬 적다. 그러나 1,844 귀농 가구수를 백분율로 따져 보면 0.97이 나오는데, 0.80을 보이는 경상북도보다 높다. 순위가 1등 되는 게 무슨 대수이겠는가마는 귀농 인구 통계치와 그 유인 요소를 제대로 이해하는 것은 귀농·귀촌 정책 수립의 중요한 변수가 된다.

전라남도와 전라북도는 인구수가 비슷한데도 귀농 가구 수는 전라남도가 월등히 높다. 그것은 평야 지대이며 남쪽 지방이라 작부율이 높은 것과 관계가 있다. 이처럼 귀농 가구 수는 여러 변수가 제대로 비교되면서 정리되어야 비로소 살아 있는 정책의 기초가 될 것이다.

도 단위 지자체를 구성하는 시·군 단위 통계도 마찬가지다. 이곳 전라북도 역시 매년 고창군이 도내 귀농 가구 수 1위다. 내가 귀농지원센터 운영위원장으로 있는 순창군보다 인구수가 꼭 2배인데도 이런 변수는 고려되지 않기 때문으로 만약에 인구 대비 백분율로 계산하면 순위가 바뀌게 된다.

작년에 (사)전국귀농운동본부는 전문 농업연구기관과 같이 대대적인 귀농인 생활 실태 및 의식 조사를 벌인 적이 있다. 매우 독특한 문항들이 있었는데, 귀농 동기에 대한 생태적 감수성 관련 조항이다. 요즘 급격히 늘어나는 귀농·귀촌 인구는 단순히 농촌인구를 늘리는 데 머물지 않는다. 농촌인구 구성 비율을 바꾸고 농촌 문화 전반에 변화를 가져오고 있는데, 이들의 귀농·귀촌에는 단순한 삶, 생태 순환의 문명 추구, 문명 이기로부터의 탈주, 인간 본성의 회복 등이 동기로 작용하고 있다. 이 부분에 대한 지원 정책은 매우 미미한 실정이다.

은퇴 귀농이나 생태 문명 귀농을 모두 '전원생활에 대한 동경'으로 뭉뚱그리면 너무 단선적인 분석이다. 그래서는 농업정책을 정교하게 수립하기 어렵다.

40대 이하의 귀농·귀촌 인구가 큰 폭으로 느는 현상에 대한 분석도 그렇다. 작년에 40대 이하 세대의 증가율은 43%로 전 세대 평균 증가율 37.5%를 웃돈다. 젊은 층이 농촌사회로 많이 유입되고 있다는 분석이 있는데, 맞는 말이긴 하지만 젊은이들일수록 동기분석이 굉장히 중요하다.

도시의 청년실업률이 가장 큰 원인으로 보이는데, 도시적 욕망을 농촌에서 실현하고자 하는 젊은이들이 많은지, 농촌의 본원적 가치와 소중함을 어느 정도 이해하는지에 따라 귀농 교육과 농촌에서의 정착 지원 내용이 달라야 할 것이다.

또 하나 중요한 것은 귀농·귀촌 희망자들이 어떤 순위로 지역을 선택하는지 분석할 필요가 있다는 것이다. 농촌 초고령화가 진행되면서 농촌 지역 출신들이 선산 관리와 부모 노후 때문에 시골로 내려오는 경우가 많은데, 이 항목에 대한 분석은 없다. 부모를 모시고 선산을 지키고자 하는 경우의 귀농·귀촌은 농민기본소득제 같은 정책이 필요할 것이다.

지역 선택에서 빼놓을 수 없는 것이 빈집과 농사지을 땅 문제다. 이런 변수가 각 지자체의 귀농 인구 증가와 어떤 상관관계가 있는지, 귀농지 탐색을 위한 과도적 체류 기간이 되는 귀농인의 집 거주와 장기 귀농학교, 귀농 실습지 유무 등도 중요한 변수가 될 것이다.

-〈한국농어민신문〉, 2015년 3월

우리 농산물 지키기와 우리말 지키기

한미 자유무역협정과 한중 자유무역협정이 타결될 때의 기억이 난다. 다들 우리 쌀이 무너지게 되었다면서 쌀 시장이 개방되는 것은 우리의 농업이 무너지는 것이고 식량 주권이 무너지는 것이며 농촌공동체와 전통문화도 같이 무너지는 것이라고 안타까워했다.

맞는 말이다. 쌀 시장의 개방은 외국과의 교역 품목 중에 쌀이 하나 추가되는 것에 그치지 않고 쌀로 연결되어 있는 우리의 삶과 가치들이 송두리째 무너지는 일이다. 우리의 얼과 전통과 공동체가 무너지는 것이다.

쌀로 상징되는 우리 농산물들이 우리의 밥상에서 밀려나는 것 못지않게 우리말과 글이 외국말, 특히 영어에 밀려나는 현실 또한 심각한 일이 아닐 수 없다고 본다. 이 글을 읽으면서 혹시라도 우리 농산물 얘기보다 우리말과 글 얘기가 왠지 낡은 주제 같다고 여겨진다면 그만큼 우리말과 글에 대한 소중함을 잃었다고 해도 될 것이다. 문제의식 자체가 없거나 희박하다면 더 심각한 일이라 하겠다.

길거리 광고판이나 기업들의 홍보 문구를 논하는 게 아니다. 우리 집으로 배달되어 오는 농업 관련 매체들이 온통 영어 범벅이다. '국어기본법'이라는 법률이 있을 뿐 아니라 문화체육관광부에서 고시한 '국어의 로마자 표기법'과 '외래어 표기법'이 있지만 이를 따르는 신문은 하나도 없다.

지난주 어느 농업신문의 기사 제목이 '종축개량협회, FMD 발생지 사업중단'이었다. 무슨 말인지 알 수가 없었다. 나중에야 알게 되었는데 'FMD'는 '구제역'이었다. 언제부터 구제역이 'FMD'가 되었는지 기가 막혔다. 조류독감을 영어로 'AI'라는 쓰는 것은 물론, 자유무역협정을 '에프티에이'도 아니고 영어 그대로인 'FTA'로 쓰는 것은 예삿일이 된 지 오래다. 한국농수산식품공사를 영어로 'aT'라고 쓰는 신문은 부지기수다.

지난주에 온 어느 농업 단체의 연구발표회 안내장에 주제가 '리질리언스(Resilience)와 농업·농촌'이라고 되어 있었다. 사전을 찾아봐야 겨우 의미를 알 수 있었다. 요즘 웬만한 지역에 있는 지역공동체 사업체를 커뮤니티비즈니스센터라 부르면서 'CB센터'라고 쓰고 있다. 지자체의 홍보물은 물론 신문에서도 공공연히 그렇게 쓴다. 농부가 전단을 읽거나 농업 신문 하나 보려면 영어부터 배워야 할 판이다.

영어를 함부로 쓰는 사람들의 변명들이 있다. 적당한 우리말이 없다는 것이다. '리질리언스'는 물론이고 '어메니티'나 '거버넌스'나

'팜스테이'가 왜 우리말이 없는가? 없으면 만들면 된다. 사실은 우리 말이 없는 게 아니라 그런 사람들의 머리는 물론이고 뼛속까지 영어 사대주의에 절어 있다는 것을 알아채야 할 것이다. 영어 사대주의에 빠져 있다고 하면 화들짝 놀랄 것이다. 다음 사례를 보자.

영어를 함부로 쓰는 사람들의 두 번째 변명이다. 의미 전달이 빠르다는 변명이다. 우리말로 '에프티에이' 하는 것보다 영어로 'FTA'라고 하면 훨씬 의미 전달이 빠르다는 것이다. 우리말로 '엘피지' 하는 것보다 영어로 'LPG' 하는 게 더 쉽게 알아볼 수 있다는 것이다. 이만저만 심각한 중세가 아니다. 우리글보다 영어가 더 익숙하다니!

우리가 안녕하시냐는 인도와 네팔 말인 '나마쓰떼'라는 말을 할 때가 있지만 절대 그들 글자로 नमस्ते라고 쓰지는 않는다. 신문들이 의미 전달력을 높일 필요가 있을 때는 한자마저도 우리말을 쓰고 나서 괄호 안에다 쓴다. 유독 영어만 영어로 쓰고 그게 편하다는 것은 영어 사대주의라는 비난을 받아 마땅한 일이라고 본다. 재벌이라는 우리 고유 말을 외국에서 '재벌'이라고 쓰던가? 우리의 고유 음식인 김치를 외국 어느 나라가 '김치'라고 쓰던가? 고유명사 그대로 다 자기 나라 말로 쓴다.

우리 농사말에 영어는 물론 한자말과 왜색어도 많이 남아 있다. 이런 현상을 그냥 지나치고서 우리 농산물을 지켜 나갈 수 없다고 본다. 우리말과 글을 바로 쓰고 지키는 것과 우리 농산물을 지키는 것이 다르지 않다고 보기 때문이다. 진부한 얘기가 되겠지만, 말과 글에는 그 민족의 역사와 정신과 생활이 고스란히 담겨 있다. 우리 말과 글을 소홀히 하고 함부로 버린다면 우리 농산물을 포기하는 것과 같다고 봐야 한다. 농업 언론과 농업 관련 기관이 이런 넋 나간 짓에 앞장서고 있어서 걱정이다. 대학에서 농업을 전공했거나 외국에 가서 공부한 사람들이 유독 심하다. 농업 관료들 또한 마찬가지다. 지역의 농업 부서 공무원도 유세 떨듯이 영어를 버무려 쓴다.

우선 정부의 농업 관련 부서와 농업 기관들이 우리말과 글을 바로 쓰기 위한 협의체를 구성했으면 한다. 요즘 시쳇말로 늘리고 늘린 게 무슨무슨 센터 아닌가. 이 협의체는 센터라는 말도 좀 벗어나서 이름하여 '우리 농사말 바로 쓰기 본부' 같은 것을 만들면 좋겠다. 연구소나 기관들이 경쟁하듯이 새로운 영어를 먼저 쓰고 퍼뜨리는 짓들을 그만두고 서로 협의하는 관계를 맺어서 우리 농사말을 바로 쓰도록 하는 게 어려운 일은 아닐 것이다.

중요한 것은 언론이다. 농업 관련 매체의 문화부장들이라도 모여서 우리 농사말 바로쓰기 모임을 만들어서 무분별한 영어 쓰기를 그만두고 우리 농산물 지키기 하는 자세로 우리말을 되찾는 노력을 하면 좋겠다.

-〈한국농어민신문〉, 2015년 2월

남북농업협력, 시선을 바꾸자

남북농업협력이라고 하면 으레 남쪽에서 북쪽으로 비료나 농약, 또는 농사용 비닐이나 쌀을 보내는 것으로 여긴다. 국수공장이나 비닐온실을 지어 주는 것을 떠올리기도 한다. 이는 협력이라기보다 지원이며, 지원이라기보다 적선이라고 하겠다. 남쪽 사람들의 머릿속을 채우고 있는 북한(농업)에 대한 편견과 몰이해의 산물이다. 남북 농업이 협력 관계가 되기 위해서는 사실관계부터 바로 보고 다방면적으로 대응해야 한다. 그 핵심은 자연생태농업이 아닐까 한다.

근 한 달 가까이 중국에 가 있으면서 자연농업 현장도 보고 농부들도 만났으며, 그들과 농사법과 귀농 운동에 대해 토론했다. 뜻하지 않게 북한 농업의 현주소를 보게 되었다. 북한과 녹색농업기술 개발을 전개하고 있는 중국 후베이성 농업과학원 관계자를 통해서다.

한국의 자연농업 재배와 귀농 운동 현황을 발표한 나에게 그 관계자는 북한과 맺은 계약서와 사업 내용을 담은 자료를 보여주었는데, 2011년부터 추진되는 그 사업에는 놀랍게도 비료와 비닐 공급으로 북한 농업의 미래를 살릴 수 없다고 못 박고 있었다. 추진 중인 주요 사업은 대규모 '녹색농법 시범단지' 사업과 '생태농업기지 건설'로 되어 있었다. '논벼에 대한 자연경작법'에는 오리나 새우를 사양하여 벼농사를 짓는 것으로 되어 있고, 양을 사양하여 사탕수수 농장을 일구는 순환농업을 지향하는 것이었다. 생태동력체계 구축 사업도 활발하였다. 생물농약기술 양성 사업도 비중 있게 진행되고 있었다.

사실 우리가 알고 있는 북한의 식량 부족과 아사자 발생 문제도 실태는 좀 다르다. FAO(유엔식량농업기구)와 WFP(유엔세계식량계획)에 의하면 북한의 식량자급률은 남한보다 훨씬 높은 93% 정도나 된다. 쌀 생산량이 400만 톤인 남한은 이보다 3배가 넘는 1,400만 톤의 사료작물을 수입한다. 따라서 사료작물 소비가 적은 북한은 남한과 곡물자급률을 비교한다면 그 격차는 더 커질 것으로 보인다.

2012년 통계를 보면 북한이 식량 생산량에서 남한을 추월한 것으로 나온다. 남한은 456만 톤을 생산했지만, 북한은 467만 톤을 생산한 것이다. 다만 북한은 굶주리고 남한이 굶주리지 않는 것은 다른 차원의 변수들 때문이라 하겠다. 남북농업협력을 새로운 시선으로 바라봐야 하는 이유들이다.

기존의 남북농업협력에서는 남한의 발전된 농업기술과 농자재

등 한국의 농업을 북한에 이식하는 것을 전제하는 경향이 있다. 이 대목도 검토가 필요해 보인다. 과연 한국의 농업이 지속 가능한 농업인가 하는 점이다. 미래 문명에 적합한 농업이냐는 것이다. 2조 원 가까운 남북협력기금이 몇 년째 잠자고 있는 실정인데, 남한 내 비료자본과 농기계자본, 나아가 농자재자본이 쌓여 있는 이 돈을 탐내고 한국 내 과잉물을 소비하려는 측면도 있지 않나 싶다. 최근에는 화학비료를 '무기질비료'라 칭하면서 북한으로의 공급을 추진하고 있다.

이 대목에서 북한 농업 붕괴의 재미있는 연구를 소개하고 싶다. 농촌·농업·농민이라는 3농 이론의 창시자이며 중국인민대 교수이자 '농업 및 농촌발전대학' 원장인 원톄쥔(溫鐵軍)의 연구다. 그는 북한 농업의 붕괴를 농업 현대화의 지연 때문이 아니라 반대로 과도한 농업 현대화 때문이라고 지적한다.(『백년의 급진』, 돌베개) 북한 농업 현장에서 연구한 그의 지적은 주목할 필요가 있다.

80년대만 해도 북한의 농업 현대화(기계화)는 남한보다 앞섰는데, 구소련이 해체되면서 한순간에 에너지 공급과 농기계 부품 조달이 끊기자, 속수무책의 상황에 빠졌다는 것이다. 남의 일로만 볼 수 없다. 무역의 해외 의존도와 식량 해외 종속이 심화되어 있는 우리나라가 타산지석으로 삼아야 할 분석이라 할 것이다. 남한뿐 아니라 북한 농업도 자연생태농업의 진전은 시급한 과제라 할 것이다. 쿠

바농업의 붕괴와 회생도 같은 맥락에서 이해할 수 있다.

남북농업협력에서 언론의 역할은 크다. 우리 언론은 대부분 북한의 호전성과 무모한 군사주의 뉴스로 가득 차 있다. 굶주림과 비참, 잔혹한 통치 뉴스가 아닌 북한 소식을 전하는 경우는 드물다. 문화와 예술, 인민의 일상이나 미담 등은 엿볼 수가 없다. 군산 복합체의 이해가 결부된, 군사 대결을 부추기는 보도 관행을 벗어나 남북 동질성 회복과 교류 화해 분위기를 조성하는 보도가 아쉽다. 남북의 농업 협력도 그런 토양 위에서 가능하기 때문이다.

현 정부가 남북 문제를 군사적 방식에만 의존하는 현재의 접근법을 바꿀 필요가 있다. 군사적 대결 분위기를 고조시켜서는 어떤 남북 교류도 불가능하기 때문이다. 남북농업협력에 대한 정부·민간 차원의 심도 있는 토론과 연구가 필요한 때다.

-〈한국농어민신문〉, 2015년 6월

농촌에 자연치유 요양원 시도해 보면

필자는 8년째 중증 치매를 앓는 어머니를 돌보면서 셀 수도 없이 많은 선택 앞에 섰었는데, 그중 하나가 치매약을 처방받는 문제였다. 숱한 갈등을 거듭한 끝에 약을 쓰지 않는 쪽으로 결정했고 그 결정을 천만다행으로 여긴다. 치매약을 쓰지 않기로 결정하는 과정이 녹록치 않았지만 고심의 과정을 통해 도달한 귀한 깨우침은 아래와 같다. 이것은 이 글의 주제인 자연치유 삶을 치매를 앓는 분들에게 제안하는 기초가 되겠다.

치매를 병으로 보지 말자는 것은 모든 치매 대안의 바탕이다. 왜냐하면 치매는 그동안 어머니가 살아오신 삶과 분리될 수 없다는 것이다. 치매를 마치 떼어 내야 할 이물질처럼 생각하고 이 치매를 어떻게 처리할 것인가라는 해부학적 차원으로 접근했다는 자각이 있어서이다. 치매 증상에 대한 일반적인 시선과 대응은 신체 상태, 인지력, 공간구성력, 행동 장애, 성격이나 감정 장애 등만 따로 떼어 내서 당사자로부터 분리시키려는 시도였다고 생각한다.

우리 어머니의 삶 자체를 있는 그대로 일단 수용하고, 그 자체를 통째로 존중하여 마지막 숨을 놓는 순간까지 어머니의 존엄을 지키고자 하는 마음이라면, 어머니의 몸과 마음을 해체하여 무엇은 제거하고 무엇은 보존하고, 어떤 것은 귀하게 여기고 어떤 것은 혐오한다는 것은 이치에도 맞지 않으며 불가능한 일이다.

치매약을 쓸지 말지 고심하는 근본 동기를 살펴봤다. 부정할 수 없는 것이 내 편의성이었다. 어머니는 치매로 인해 괴로워하지 않는다. 이미 괴로움이니 즐거움이니 하는 오감 저 너머로 가서서 이른바 정상인들의 삶과는 궤를 달리하는 영역에 가 계시다. 그것을 나의 기준에 맞추어서 왈가왈부할 수는 없는 노릇이다.

또 하나는 내 삶의 괴로움의 원천을 어머니의 치매에서 찾고자 하고 있는 나를 발견한 것이다. 무슨 말인고 하면, 마치 어머니 치매만 아니면 만사 오케이인 듯이 굴었다는 것이다. 가정이건 우리 형제관계건 고통과 불행의 뿌리가 어머니 치매에서 비롯된다고 여긴 것이다. 내 생활 반경이나 경제활동 등도 그렇다고 봤다. 치매를 앓는 사람들이 저지르는 사회적 해악보다는 이른바 정상인이 저지르는 사회적 해악이 더 큰 경우가 많다. 그러니 치매를 앓는 우리 어머니가 잘 알아듣고 잘 판단해서 행동하시기를 바라긴 하지만 그 처방이 치매약은 아니라는 것이다. 어떤 의사도, 어떤 기관도 치매의 원인을 명쾌하게 규명하지 못한다. 치매의 증상과 신체적(뇌) 특이점만 겨우 찾았다. 그런 특이 현상의 근원에 대해서는 아무도 해명하지 못한다. 그런데 치매약이 있다. 정말 이상한 일이다. 전형적인 대중요법이다. 증상에 대한 완화제이지, 근원에 대한 처방은 아니다.

이제 관련 법령도 생기고 국가 차원의 여러 대책도 만들고 있지만 치매는 노인 자살에 비하면 사망 원인 순에서 한참 밀린다. 세계 최고인 우리나라 자살률은 작년의 경우 평균치가 10만 명당 28명인데, 80대 이상 남자노인 자살률은 이보다 6배나 많다. 사회적으로나 경제적으로 쌓인 스트레스는 치매 발병률에도 크게 영향을 미칠 것이라고 본다. 병인은 사회와 경제에 있는데 원인은 놔둔 채 증상만 막으려고 약을 쓸 수는 없지 않겠는가? 증상에 대한 대응은 한시적이고 제한적일 때만 필요하다고 본다. 어머니를 모시고 살면서 치매약을 전혀 쓰지 않는 이유를 길게 얘기하는 이유가 있다. 지금 치매 얘기를 하지만 결국 '삶'을 말하고자 하기 때문이다.

치매는 병이 아니다

치매약을 쓰지 않는 이유 하나는 그 부작용 때문이다. 횃대 위에 올라 앉아 졸고 있는 병든 닭들처럼 치매약은 사람의 기력을 망가뜨린다. 가족이건 요양원이건 병원이건 이른바 '관리'의 편의를 위해 처방한다고 하는 게 맞다. 치매약은 치매 인자에만 접근하지 않고 몸 전체를 소금에 절인 배추 모양으로 만든다. 약 성분 자체가 그렇다.

겨울에 수돗물이 얼어 어머니가 잠시 요양원에 계실 때 어떤 치매약도 사용하지 말라고 했지만 간호사는 이른바 '전문성'을 내세워 내 허락도 없이 파스처럼 몸에 붙이는 치매약인 '엑셀론'이라는 패치를 붙였다. 이 약품은 제대로 관리가 되지 않았다. 의사 처방 없이는 살 수도 없는 '전문의약품'인데도 말이다. 휴일이나 간호사가 비번일 때는 요양보호사 선생님들이 붙이고 떼고 했는데 깜빡하고 이틀이나 갈아 붙이지 않다 보니 그 부위에 욕창까지 생겼다. 이 약 덕분에 (공격성이) 왕성하던 어머니는 순한 양처럼 되었다. 더운물에 데친 상추 같았다. 신체 기능 전반을 약화시키는 게 치매약이다. 요양원이나 요양병원에 치매 앓는 부모님을 모시면 바로 무덤으로 가는 급행열차가 되는 이유다.

장황하게 치매약 얘기를 한 것은 치매에 대한 통상적인 이해와 접근을 바꾸자는 것이다. 나이 들어 중풍도 걸리고 치매도 걸리고 귀도 멀고 하는 것은 인생살이의 한 부분이다. 그런데도 일단 격리하고 수용한다. 아니라고? '복지'라는 이름이 붙을 뿐이지, 노인 당사자 입장에서는 격리·수용이 맞다. 그 목적이 당사자의 고통을 줄이고 사회적 비용도 낮추기 위한 것이라고? 글쎄다. 몸이 아프면 누구나 힘든 게 사실이지만 고통이란 더 깊은 뿌리가 있지 않을까 한다. 몸의 불편함과 아픔은 완화시켜야 한다. 치매 노인에게 큰 고통은 인지력 저하나 행동 장애가 아니다. 치매로 가족에게 무시당하고 폭행당하는 것이다. 가족과 떨어지고 정든 집을 떠나는 것이다. 손때 묻은 가구나 물품들도 사라지는 것이다. 반려동물 하나 가까이 둘 수 없는 처지가 되는 것이다.

반려동물 얘기가 나왔으니 하는 얘긴데 사람보다 반려동물이 몇 배 나을 때가 있다. 사람은 배신을 하지만 동물은 신의(?)를 지킨다. 믿음이란 삶의 큰 지주이다. 우리 어머니는 지금껏 고양이나 강아지, 닭 등 늘 반려동물을 곁에 두고 있는데, 동물의 치유력을 크게 실감했다. 얼마 전에는 발도로프 인형을 사 드렸는데 아주 좋은 동무가 되었다.

작년 한 해(2013년), 노인 한 분의 의료비가 322만 원으로 발표되었다. 절대액만 높은 게 아니다. 전체 인구 의료비에서 차지하는 노인 의료비 비중은 11.0%(2010년)에서 24.3%(2030년), 40.1%(2060년)로 늘어날 전망이다. 우리 어머니는 건강보험료는 꼬박꼬박 잘 내면서도 작년 한 해 의료비로 5만 원도 채 안 들었고 건강하다. 어떻게 보면 건보 재정이 바닥나는 처지에서 우리 어머니는 대단한 애국자다. 우리 마을에서 어머니보다 건강하시던 어르신들이 다 돌아가시고 우리 어머니가 최고령자가 되었다. 올해 93세다. 건강은 약이 보장해 주지 않는다. 생활이 건강하면 병이라는 것은 존재하지 않는다고 한다. 병이 생겼다면 생활의 균형이 깨졌다는 방증이다. 약에만 의존하면 깨진 생활을 복원하기는 더 어렵다.

사회문제로까지 비화되는 각종 노인 문제, 요양시설들의 반사회적 문제들은 노인 또는 치매에 대한 서구 중심의 기계론적 이해와 기능주의적 접근에서 비롯되었다고 본다. 노인 자살, 노인 가출, 노인 빈곤, 노인 폭행뿐 아니라 시설의 노인 감금과 학대는 노인의 삶이 시장 상품화된 데 그 원인이 있다고 생각한다.

우리나라의 노인 관련 지수를 놓고 노인 전문가들이 너나 할 것 없이 걱정을 쏟아 낸다. 특히 노인 인구 증가와 노인 질병, 그리고 치매에 대한 수치들에 대해서는 더 심하다. 과장되거나 지나치게 호들갑을 떨고 있다는 게 내 생각이다.

때로는 일부 솔직하지 못한 지표들을 사용하고 있는 것으로 보인다. 그 예가 우리나라 치매 인구 증가 도표나 일본과의 치매 치료비를 비교하는 내용들이다. 정확하게 현실을 알려면 노인 인구 비율과 노인 치매 인구가 비교되어야 한다. 노인 인구가 늘어서 노인 인구 비율이 높아졌는데도 총인구 대비 치매 인구 비율만을 따지는 것은 치매 인구 증가 원인을 제대로 파악하지 못하게 한다. 평균 수명이 늘어서 생긴 일을 마치 치매가 심각한 전염병처럼 여겨지게 하는 통계 조작은 삼가야 한다.

시스템과 시장 만능주의

이런 과장과 과도한 경계 뒤에 따르는 수순은 노인 시장의 확대이다. 복지라는 이름으로 노인 산업이 팽창하고 있다. 지금 진행되고 있는 국정감사에서 북한의 위협이 과장되고 군 장비의 부실이 거론되면서 곧장 국방비 인상과 첨단 무기 구입으로 이어지는 것과 같다고 본다.

우리나라 노인 시장은 노인의료자본을 주축으로 노인교육자본, 노인시설자본, 노인휴양자본들이 개입되어 있다. 이를 노인 전문가들이 크게 돕고 있다. 조상 묘 관리도 벌초 대행 시장으로 흡입되는가 싶더니, 제사상도 대행업체로 넘어가고, 급기야 부모 모시는 일마저 국가까지 개입하여 노인 시장으로 넘어가 버린 꼴이다. 과격한 주장이라고 여길 수 있지만 20~30년 전만 해도 상상조차 못할 일들이다. 부모를 돈 받고 대신 봐준다는 걸 도대체 상상이나 했겠는가? 부모를 전문 요양시설, 주간보호, 단기보호 또는 방문요양 선생님들에게 맡기고 자식들은 다 어딜 갈까? 돈 벌러 간다. 세금 내고, 자식 과외비 내고, 부모 요양비 내려고 그런다. 돈 벌러 나가야 하다 보니 경차라도 한 대 사야 하고 식구마다 스마트폰을 가져야 한다. 더 부지런히 돈을 벌어야 한다. 참으로 우스운 꼴이다.

이런 왜곡된 삶에 대한 날카로운 이해 없이 노인 관련(치매 관련)

각종 센터와 각종 기관들이 난립하여 노인 시장을 확대하는 데 이바지할 뿐이다. 치매관리법이 제정되고 나서 국가치매관리위원회가 생기고 각 보건소마다 치매상담센터가 만들어지고 있다. 광역지자체에는 광역치매센터가 생겨났다. 센터장은 대학병원 의사들이나 전문의들이 차지하고 있다. 앞으로 역할이 중복되거나 생색내기 기관이 또 만들어질 거다. 이런 기관은 대형 대학병원을 끼고 생겨나는 추세다. 이런 식으로 모든 멀쩡한 국민을 환자로 만들지 않을까 걱정이다.

엄한 법령과 매서운 감시 기관이 있어도 왜 시설에서 각종 노인 학대 행위가 끊이지 않을까? 왜 거룩한(?) 종교인들이 운영하는데도 시설의 부정 수급과 허위 조작이 사라지지 않을까? 왜 노인 폭행에서 가족 폭행이 으뜸을 차지할까? 시설에 (갇혀)서 색칠이나 하고 종이나 접고 실이나 꿰는 것을 행복이라고 누가 그러는가? 노인 시장이 부추기는 의식의 왜곡이라고 본다.

이제는 우리 모두가 시스템 만능주의에 빠져 있지 않은지 되돌아봐야 할 시점이라고 본다. 한국 고유의 '효' 개념의 정립과 한국인 특유의 부모에 대한 이중적인 정서를 살펴보면 새로운 접근이 가능하다고 여겨진다. 자연치유 공동생활가정 협동조합과 자연치유 생태 노인요양원 시범사업을 제안하는 이유다.

2006년 10월 12일자 〈뉴욕타임스〉에 인상적인 기사가 난 적이 있다. 당시 이를 경향신문이 인용, 보도했다. 전문 치매약이 가짜 약보다도 효과가 없었다는 시험 결과이다. 도리어 '세로콜', '리스페달' 등 치매 전문 약은 부작용만 일으켰다는 것이다. 비타민제로 만든 가짜 약은 플라시보 효과로 치매가 호전되기까지 했다는 것이다. '마음이 병'이라는 말을 떠올리게 한다. 시시한 실험이 아니다. 『뉴잉글랜드 의학저널』에 발표된 실험 보고서에 기초한 기사다.

일체유심조. 마음이 고요하고 마음이 평화로우면 아무리 큰 병도 더 이상 병이 아니다. 병이라는 것은 상대적인 개념이며 병이 있고 없고는 절대적인 개념이 아니다. 치매가 질병이냐 아니냐, 치매는 괴롭냐 아니냐로 접근할 게 아니고 주어진 삶의 조건을 먼저 경건하게 수용하고, 일상을 자연순리의 삶으로 정상화시키는 것으로 대응할 수 있다. 자연치유는 민족 전통 삶 속에 녹아 있다. 치매에 대한 자연치유 시범사업은 시스템과 기구와 규칙과 감시와 처벌과 보상으로 이루어진 지금의 시설 중심 노인요양 방식을 사랑과 호혜와 모심과 보람과 긍지로 바꾸는 시도다. 세 가지 방안을 제안한다.

자연치유 부모 모심 시범가정

큰 사업을 할 때는 시범사업을 한다. 노인장기요양보험을 전국적으로 확대 실시하기 전에 시범사업을 했듯이 자연치유의 삶을 복원하는 시범가정을 운용해 보면 어떨까 한다. 이 시범사업은 한국의 전통적인 효 개념에 전통의학과 자연치유의 개념을 접목하여 몇 가정을 대상으로 할 수 있을 것이다. 전통적인 효 개념 얘기를 하니까 시대적 흐름에 뒤떨어지는 유교적 폐습을 떠올릴지 모른다. 여기서 말하는 전통적 효 개념은 동학에서 말하는 '천지부모' 개념이다. 해월 선생의 가르침이기도 하다.

시설에 부모를 보내 놓고는 모든 자식들이 심리적으로 위축된다. 이게 한국인의 심리다. 어쩔 수 없는 선택이라고 자위하면서도 늘 죄인인 양 얼버무린다. 서양은 안 그렇다. 스웨덴과 노르웨이에 가서 놀란 것이 있는데, 이들 나라는 초등학교 때부터 국가에서 용돈까지 주었다. 이들 나라에서는 자연스럽게도 부모를 봉양한다는 것은 자식의 몫이 아니라 국가의 책임이라고 여긴다. 어릴 때 용돈까지도 나라에서 주고 공부도 부모가 아니라 나라에서 공짜로 시켜줬으니 늙으신 부모를 돌보는 것은 자식보다 나라가 할 일이라고 여긴다. 서구적 복지 개념의 토양이 그렇다. 우리나라에서도 이제 누리과정이 국가나 지자체의 몫이 됐듯이. 물론 그만큼 세금을 내기도 한다. 호주에 갔을 때 노인시설을 둘러볼 기회가 있었는데, 노인 한 명당 요양 인력의 비율이 1:1이었다. 그 비율이 1:2.5인 우리나라는 아직 더 있어야 할 듯하다.

자연치유 시범가정은 설계를 아주 잘하면 의미 있는 결과치가 나타나리라 본다. 의료비도 대폭 줄어들 것이며, 자긍심과 행복도가 높아지리라 본다. 내 자신의 8년 생활이 그렇다. 시범가정에 참여하는 사람들은 혈육적인 부모-자식 관계를 넘어서서 공자의 『효경』이나 부처님의 「부모은중경」뿐 아니라 해월의 「천지부모」를 철학적으로 체득하고 봉사나 헌신, 인내가 아니라 통합된 자신의 삶으로 참여하는 것이어야 한다.

통합된 삶이라는 것은 자신의 일상 속에 치매 부모를 흡입하는 것이다. 대상화하지 않고 가족 성원으로서 치매 앓는 부모를 주체가 되게 하는 것이다. 구체적인 상은 가족 단위 촌락 공동체를 떠올리면 된다.

'밥이 보약'이라는 기본 자세로 자연식을 하고 음악, 레저, 운동, 미술, 원예 등 인위적인 치유 작업 대신 일상생활 자체가 이를 담보하게 하는 것이다. 내 어머니가 그랬다. 좋은 음악도 듣게 했지만 바람소리, 새소리, 물소리를 듣게 했다. 농사일을 돕게 하면서 자연과 대화를 하게 했고 실내가 아니라 밖에서 주로 생활하니 일광욕이 절로 되었다. 종이접기가 아니라 고추를 가렸고 색칠하기가 아니라 삶은 콩으로 아랫목에서 청국장을 띄울 수 있게 했다. 자신에 대한 자긍심도 생겨났고 목소리에 힘도 들어가게 되었고 집안 경제에 한 몫을 담당한다는 자부심도 생겨났다.

몸에 이상(병)이 오면 성급한 약 처방 대신 민족생활의학 지혜들을 살펴보면서 대응을 하는 것이다. 어머니에게 치매성 설사, 변비, 자궁염, 장염 등이 잠깐씩 비친 적이 있었으나 모두 따뜻한 성질의 음식과 온수 반신욕 등으로 전혀 병원 신세 지지 않고 거뜬하게 치유했고 도리어 소화 기능과 여타 신체 기능이 그런 과정을 거치면서 훨씬 강화되었다. 자연치유의 힘이다.

몇 가정을 선정하여 이런 시범가정을 운용해 볼 필요가 있다. 사라진 옛 집안 분위기를 만들고 집중적인 관찰과 분석을 해 볼 필요가 있다고 본다. 지금 주류 대응법으로는 치매에 대한 공연한 공포감만 증대시킬 것이며 의료비의 급증과 약물중독이 늘어날 것이다. 국가재정의 고갈도 염려된다.

하루 이틀 살펴보면서 따뜻한 생강차만 드려도 될 초기 감기를 시설에서는 다짜고짜 병원으로 모셔가지 않으면 건강보험공단의 지도점검 대상이 된다. 몸의 자연회복을 돕고 저항력을 높이는 섭생이나 부항, 뜸 등은 아예 거들떠보지도 못하게 하는 것이 현재의 노인요양 시스템이다. 필자는 식이 섭생과 부항, 뜸, 농사일과 집안일을 하는 것으로 어머니 건강을 챙겼다.

자연치유 생태 노인전문요양 시범사업

자연치유 시범가정을 일정하게 규모화하는 것을 제안한다. 2개의 광역지자체에 1개소씩만 만들어 봐도 좋겠다. 내가 지속적으로 구상해 보던 것이다. 요양병원과 전문요양원을 체험하면서, 요양보호사 실습 기간에, 어머니를 요양시설에 모시면서 계속 생각해 봤던 문제다. 자연치유 생태 노인전문요양원은 텃밭도 조성하고 신체 조건에 따라 어르신들에게 실생활을 담당하게 하는 것이다. 부천의 오정노인복지관(관장 박노숙)에서 발간한 사례집에는 강점 관점의 모델을 적용하여 실천한 결과 구성원들의 잠재능력이 잘 발휘되는 사례가 나와 있다. 복지관 내의 우체부 역할을 맡은 할아버지 이야기는 매우 인상적인 사례가 될 것으로 보인다.

어르신끼리의 호불호를 기준으로 작은 가정 단위가 요양원 안에 만들어져도 좋을 것이다. 빨래, 조리, 산책 등은 스스로 하거나 서로 도와서 하게 한다. 배회하는 어르신을 위해서는 맘껏 배회해도 되는 장소를 만든다. 옷도 실내복, 외출복, 잠옷을 따로 준비하고 아침에 일어나면 화장을 하고 평상복으로 갈아입게 한다. 절대 제복이나 환자복을 입히지 않아야 한다. 제복이나 환자복을 입히는 것은 사이즈만 맞으면 아무 옷이나 입히는 것으로 시설의 관리 편의 때문이다.

미국의 실험교도소를 떠올려 볼 수도 있다. 미국에서는 몇 년 전에 특별교도소를 만들어 중요한 실험을 했다. 교도소를 보통의 일반 가정처럼 꾸며 텃밭 가꾸기는 물론 반려동물 키우기, 봉사활동,

인문학 강좌 등을 한 결과, 재범률이 현저하게 떨어졌다는 보고가 있다. 아주 엄정한 분석 틀을 가지고 연구 분석한 결과치다.

자연치유 전문요양원은 반려동물을 키우면서 동물치유를 일상화하고 게스트하우스를 마련하여 가족들이 면회를 오면 별도의 독립 공간에서 가족과 하룻밤 지낼 수 있게 하는 것이다. 대한민국 어느 요양시설에도 면회실이 따로 없다. 그러니 면회 온 가족을 위한 숙소가 있을 리 없다. 먼 길 면회 온 가족들은 체육실이나 회의실 등에서 준비해 온 음식을 부모님께 이것저것 권하다가 겨우 시내 구경한 번 하든지, 시설에 과일 선물 한 상자 전하고 아쉽게 돌아가는 실정이다. 게스트하우스는 수혜자 가족에게 일종의 별장처럼 쓰이게 한다.

시범요양원이 정착되면 이곳에 노인전문대학 과정을 도입해도 될 것이다. 일본의 '야마토마치'가 모델이 될 수 있다. 누리과정을 담당하는 교사도 유아교육학과 4년 과정을 이수하게 하는데, 움직이는 박물관이라 할 어르신 모시는 일을 요양보호사 과정 240시간을 이수하고 할 수 있게 한 것은 우리 사회가 노인 문제에 얼마나 소홀한가를 반증한다. 노인전문대학이 만들어지고 복지학과에서 분리하여 노인학과가 만들어져야 한다. 이런 시범시설에서 시도할 수 있을 것이다.

현재의 요양보호사들은 이직률도 높고 직업 만족도도 낮다. 처음에는 다들 부모 모시는 마음으로 시작하지만 결국 시장에 공급된 임금노동자의 한계를 못 벗어난다. 처우도 부실하고 노동 환경도 열악하다. 열악한 환경의 요양보호사 선생님들은 노인들에 대한 언어폭력, 물리폭력의 당사자가 되기도 한다. 얼마 전부터 치매전문 작업치료사 과정이 생겼지만 치매 앓는 노인을 돌보는 과정이 사명 감과 헌신과 인내로만 가능한 것은 아니다. 급료를 높인다고 해결될 문제도 아니다.

노인을 돌보는 과정이 곧 스스로의 삶이 치유되도록 하는 그런 시범시설이어야 할 것이다. 늙고 병든 남의 부모를 모시면서 인생살이 생로병사의 뿌리를 깨우치는 치유의 삶. 그런 자연치유 시범 전문요양원이 하나쯤 시도되어도 좋을 때다.

80세 넘은 할아버지들이 자살을 선택하기까지 마음속으로 품었을 고독감, 외로움, 배신감, 좌절, 분노는 젊고 건강한 사람들을 무척 가슴 아프게 한다. 노인은 물론 청소년의 자살률이 세계 최고인데도 다른 한편에서는 출산율이 너무 낮다면서 출산 장려 정책이 화려하다. 경북 어느 군에서는 셋째 아이를 낳으면 1,050만 원을 준다고 한다. 노인 인구에 비해 경제활동인구가 적어서 노인 부양이 문제라고 계속 떠든다. 이건 노인들에 대한 지독한 폭력이다. 이런 말 들으면 노인 된 게 죄인이라도 된 듯하다. 새는 둑 막을 생각을 해야지, 물이나 더 채울 생각만 하면 순서가 틀린 것이다.

우리나라 노인장기요양보험법도 치매를 앓는 어르신이 집에서 생활할 수 있도록 지원하는 데 초점을 맞추고 있다. 물론 현실과의 차이는 크다. 노인 문제에 대해 시민사회와 뜻있는 개인들이 함께 협동조합 방식을 고려해 볼 수 있다. 가칭 '노인요양 공동생활가정 협동조합'은 조합원 자신과 그들의 부모가 수혜자가 되는 노인전문 협동조합이다.

현행법으로 보면 노인요양 공동생활가정에서는 어르신 5~9인이 함께 살 수 있다. 그러니 가까운 사람들이 뜻을 모아 부모님을 같이 모신다고 여기면 할 수 있는 일이다. 우리가 아이를 키울 때 공동육아 했듯이 공동봉양을 하는 것이다. 의료협동조합도 생겼고 다양한 교육협동조합도 생겼는데, 부모봉양협동조합을 못 만들 이유가 없지 않을까? 자기 자신의 노후를 준비하는 차원이기도 하다.

맹모삼천이다 하여 자식 키우기 위한 정성의 반의 반만 있어도 될 것이다. 조합원들이 정기적으로 노인 관련 공부도 하고 사례도 분석하고 공동 세미나도 할 수 있을 것이다. 협동조합 간에 협동을 할 수도 있다. 노인전문 협동조합끼리 할 수 있는 일은 의외로 많다.

요즘 구술 자서전이니 구전민화 채집이니 하여 시골 노인들의 옛 삶을 채록하는 일이 대대적으로 벌어지기도 한다. 특히 자서전 쓰기는 어르신들이 자신의 삶에 큰 애착을 갖게 하는 효과도 있다고 한다. 이런 사업을 노인요양 공동가정협동조합에서는 사진작가나 소설가, 관련학과 대학생들과 함께 할 수 있을 것이다. 가족 갈등 중인 당사자들에게 현장 체험을 통한 자기치유 기회도 줄 수 있을 것이다. 사회적 기업으로의 전망도 세울 수 있다.

이때 공단의 급여만으로는 재정을 꾸리기에 모자랄 수도 있다. 그러면 폭넓게 후원자를 모집하는 것도 어렵지 않다고 본다. 그야말로 노년이 행복한 대표적인 공동체가 된다면 말이다. 유니세프나 꽃동네에 기부금도 내는데, 이런 자연치유 노인협동조합에 성금 내는 것을 마다할 이유가 없다. 국가 단위의 복지 기능과 상업적인 시장 기능에서 조금만 시선을 돌려 보면 전혀 새로운 노령화, 노인 문제 해법을 찾을 수 있을 것이다.

-『녹색평론』139호, 2015년 1·2월

호주, 뉴질랜드에서 자립농업을 배우다

열흘간의 해외연수를 마치고 인천공항에 도착했을 때는 짧아진 초겨울 해가 뉘엿뉘엿 지고 있었다. 칠곡이나 순천 등 지방으로 가야 하는 분들이 대부분이라, 하루를 넘기지 않고 귀가하려고 다들 서둘러서 헤어졌다. 필자는 다음 날 서울에서 있을 귀농정책연구소 창립식 참가차 어차피 1박을 해야 하는 처지라 저녁을 서울에서 먹게 되었다. 친구와 만난 장소는 제법 번화가에 있었다. 늦은 저녁을 먹으려고 꼬박 1시간 반을 헤매다가 겨우 시장기를 달랜 걸 떠올리면 지금도 실감이 나지 않는다. 한 끼 밥상 앞에 앉기가 그렇게도 힘들 수 있다는 게 믿기지 않아서다.

밥집을 찾으며 까다로운 조건을 달지는 않았다. 채식을 하지만 우리는 제법 유연한 편이다. 멸치육수 정도는 감수하는 아량도 있고 김치찌개를 시켰을 때 고깃덩어리만 건져 내고 먹기도 하는 융통성 있는 채식인이다. 그런데도 한 시간 반 만에야 밥상 앞에 앉을 수 있었다. 고기를 본 메뉴로 하는 식사가 전부여서다. 어디를 가도 밥은 없고 고기였다. 지하 식당은 숨이 막힐 듯해서 되돌아 나왔고 어느 건물 7층은 간판과 메뉴가 달라서 헛걸음했다. 우리가 찾는 메뉴로는 장사가 되지 않았나 보다.

식탁 위에 깔린 비닐 보, 수입산이 대부분인 음식들, 위해성 논란이 여전한 멜라민 식기, 유해물질이 염려되는 코팅이 벗겨진 주방도구들… 이뿐인가. 무쇠솥에 담긴 밥 역시 마찬가지였다. 출처를 알 수 없는 폐철들을 녹여 만드는 무쇠 제품들은 방사능 오염 논란이 잦아들지 않고 있다. 농사의 최종 착지점은 건강한 밥상이다. 내가 지은 농사가 이런 꼴로 식탁에 등장하고 있는 현실은 바라는 바가 아니다. 해월 선생은 일찍이 만사지식일완(萬事知食一碗)이라 하여 밥 한 그릇이 만들어지는 이치에 세상만사가 담긴다고 했다. 2015년 대한민국의 밥 한 그릇에는 대한민국의 얼굴이 담긴다. 농민이 어려 있고 농촌이 엿보인다.

우리는 안전하고 건강한 밥 한 그릇을 찾아서 길을 떠났다고 할 수 있다. 호주와 뉴질랜드의 농업을 둘러보러 간 20명 연수단의 참여 이유가 다 같을 수는 없지만 필자는 그랬다. 단돈 7천 원만 지불하면 밥 한 상 받을 수 있는 오늘이 언제까지 계속될지 장담할 수 없어서다. 올 농사가 풍년이라서 농산물 값 폭락에 시름이 깊은 우리 농민들은 흉년이면 팔 게 없어 또 걱정이다. 농민이 위태한 나라에서 안전하고 건강한 먹을거리 역시 위태롭게 된다.

호주와 뉴질랜드는 우리와 전혀 다른 환경 조건이지만 프로그램이 홍미로워서 참가 신청을 했고 치열한 경쟁을 뚫고 선정이 되었다. 대산농촌재단의 2015년 해외농업연수였다.

농부가 주인인 농산물시장

어디건 장터는 구경거리로도 그만인 장소다. 현대화된 백화점이나 마트보다는 재래장터가 더 그렇다. 지역산물은 그 지역의 인문을 드러내고 인간적인 정취까지 담고 있다. 이번 연수프로그램에서 20개쯤 되는 크고 작은 방문지 중 8개가 시장이었다. 시장 방문지가 이렇게 많은 것은 우리나라 농부들의 가장 큰 고심을 반영한 것으로 볼 수 있다. 생산도 어렵지만 판매가 늘 고민이다. 가을철이면 시세도 잘 모르고 무, 배추를 밭떼기로 팔아넘기기도 한다. 거래가 안 되면 다음 작기 때문에 갈아엎는 수도 있다. 파종과 물류, 판매의 주도권을 농부가 쥐고 있지 못하기 때문이다.

우리가 방문한 시장은 몇 가지로 분류해 볼 수 있었다. 첫째는 농장 매장이다. 농장 매장은 농장 직거래 매장으로 우리나라에서는 쉽게 볼 수 없는 형태다. 아침에 농장에서 채취한 식품을 날것 그대로 진열대에 놓으면 약속된 시간에 이용자들이 와서 사 가는 것이다. 신선도가 높을 수밖에 없다. 호주의 멜버른 근교에 있는 '페닌슐라 유기농장(Peninsula Fresh Organics)'과 뉴질랜드의 캠브리지에 있는

'모나베일 블루베리 유기 농장(Monavale Blueberry Organic Farm)'이었다. 이들은 이른바 가족농이다. 남의 손을 빌리더라도 직원 개념이 아니라 품꾼이다. 평소 가족 노동을 중심으로 농사를 짓는다는 점에서는 우리의 가족농과 다를 바 없지만 우리나라와 농장 규모까지 같을 거라고 생각하면 큰 오산이다.

페닌슐라 유기 농장 주인인 웨인 쉴드(Wayne Shield, 44세)와의 얘기 중에 그가 이곳 외에 다른 곳에도 농장 하나를 더 가지고 있대서 얼마나 되는 곳에 있냐고 했더니 자그마치 350킬로미터나 멀리 떨어져 있다는 것이었다. 도대체 이게 말이나 되는가 싶었다. 아랫동네쯤에 트럭 타고 20~30분이면 갈 수 있는 거리를 떠올렸다가 찔끔했다. 5대째 이 농장을 가꾸고 있다는 그는 자부심도 대단했다. 유기 가공품을 직접 만들어 파는 것은 기본이고 근교의 소비자를 대상으로 '장바구니' 주문 배달도 하고 있었다. 장바구니 구성은 우리와 비슷했다. 10여 가지 농산물을 넣어 포장하는데, 호주달러로 30달러라고 했다. 2만 5천 원가량이다. 포장 작업은 베트남 출신 외국인이 하고 있었다. 그 지역의 70~80%가 이주민인데, 그 이유는 내국인과 외국인의 임금 격차가 없고 엄격한 노동법이 적용되며, 농장주와 분쟁이 생기면 행정이나 법원은 철저히 약자 쪽에서 분쟁을 조정하는 전통 때문이지 않을까 싶었다. 쉴드는 1년 소득이 200만 달러라고 했다. 우리 돈으로 22억 원이다. 말이 가족농이지, 엄청난 대농이었다. 그만큼 우리와는 농사의 규모가 다른 것이다.

　호주 축산 현황을 보면, 1헥타르인 3천 평 목장에 소가 1.6마리 꼴이라고 한다. 우리를 안내해 준 현지 뉴질랜드 농업연구소 김태훈 박사의 설명이다. 가족농의 농사법도 우리의 통상적인 개념과 현격한 차이를 보였다. 농법의 차이는 농사 규모에서 비롯되는 것으로 보인다. 초대형 농기계가 용도별로 다 있었다. 대형 농기계를 가족농 개념에 넣지 않는 우리와 다른 모습이다. 물이 귀한 상황이라 따로 저수지를 만들어 놓고 빗물을 모아 두었다가 쓰고 있었다. 농사용 물의 부족 현상은 점점 악화되고 있다고 한다. 기후변화가 전 지구적인 현상임을 알 수 있었다.

　가족농은 곧 소농이라는 우리 개념과는 거리가 한참 멀었지만, 직접 자신이 농사지은 작물을 가공까지 하여 자신의 이름을 걸고 파는 점은 닮았다. 뉴질랜드의 '모나베일 블루베리 유기 농장(Monavale Blueberry Organic Farm)'은 블루베리로 와인도 만들고 쨈도 만들고 젤리 같은 것도 만들어서 농장 입구 방문자센터에서 팔고 있었다. 식당도 직접 운영했다. 그 농장에서 나는 재료로 식탁을 차리는데, 그만큼 방문자가 많다는 얘기다. 농장주 폴(Paul)은 육종도 직접 해 26종의 블루베리 품종을 보유하고 있었다. 블루베리만 20 헥타르(약 6만 평)에 재배하고 있는데, 수종에 따라 나무의 크기도 다르고 관리 방법도 달리하고 있었다.

둘째는 문화 장터다. 이 농산물 장터를 '농부문화장터'라고 부르기로 한다. 농산물만 파는 것이 아니고 다양한 문화가 결합되어 운영되는 장터이기 때문이다. 우리나라에도 교육농장과 체험농장이 만들어진 지는 오래되었다. 사실 외국에 가 본다고 해서 전혀 듣도 보도 못한 것이 있는 건 아니다. 외국과의 왕래가 빈번하고 커뮤니케이션이 활발한 까닭이다. 요즘은 농정 관계자뿐 아니라 농부들의 해외 농업연수가 활발하다 보니 지구 반대편에서 시행하는 독특한 농산물 거래 기법은 금방 전해지기 마련이다. 그러나 보는 사람의 시선과 철학에 따라 같은 곳에 가더라도 달리 해석되고 달리 적용되는 법이다.

내 눈에는 여러 농부문화장터 중 '콜링우드 어린이 교육용 농부시장(Collingwood Children's Park)'이 대표적인 장터로 보였다. 아주 독특하게 꾸며지고 독특하게 운영되는 시장이었다. 우리 방문단의 많은 사람들이 전체 토론 시간에 이 농부시장의 독특함에 놀라며 우리나라의 여러 체험농장 사례와 개선점을 얘기했을 정도다. 이 시장은 관광, 교육, 장터, 문화, 공원, 농장, 목장이 결합되어 있었다. 또한 지역공동체의 한 축을 담당하고 있는 것으로 보였다.

운영의 특징 가운데 하나는, 평소에는 이 교육농장 입장료가 20달러이나 한 달에 한 번 열리는 농부시장 장날에는 무료라는 점이었다. 농부를 위한 장터에 사람들을 모으기 위한 조치다. 장날에 맞취 갔는데 장터가 참 재미있었다. 농부들이 정해진 위치에 트럭이나 승용차를 대 놓고 적재함을 열거나 트렁크를 젖혀 올려서 바로 점포로 이용하는 것이었다.

가족 단위로 오는 손님들이 넘쳤다. 이유가 있었다. 장터가 열리는 곳에 이르기 위해서는 거쳐 오는 길목이 있는데, 복합경영 농장과 동물농장이 있었다. 동물농장에서는 아이들이 젖소 젖을 짜거나 공작새의 화려한 자태를 구경하게 된다. 닭이나 칠면조, 양, 공작, 강아지 등이 자유롭게 어울려 돌아다니는 아기자기한 골목들을 누비다 보면 사람도 농장의 동물이 된 느낌이 들 정도다. 동물들은 만져도 도망가지 않는다. 그만큼 사람들과 친숙하다. 조랑말도 있고 거름 자리도 있어서 거름 치우기 체험도 가능하다. 무엇보다도 곳곳에 벤치와 식구 단위의 식사 터가 있어서 장터에서 사 온 음식을 둘러앉아 먹을 수가 있다. 앉을 자리는 볏짚 다발을 뭉쳐서 만든 것이었다. 정취가 있었다. 볶음밥을 파는 부스가 있었는데, 아주 젊은 부부가 운영하고 있었다. 20대 후반으로 보이는 남편이 재일교포 3세라고 하면서 자기들 먹는 음식이라며 김치를 덤으로 줘서 잘 먹었다. 한국말도 제법 했다.

교외 나들이 장소로도 제격이요, 아이들 데리고 와서 놀기에도 좋은 공원 같은 곳이었다. 한 젊은 여성은 집에서 만든 가공잼 여러 종류를 가져왔는데, 근처에서 열리는 농부장터 이곳저곳에 갈 때마다 3천 명쯤 되는 에스엔에스(SNS) 친구들에게 알린다고 했다. 그러면 근처 사는 사람 또는 인근으로 나들이 오게 된 친구(고객)들이 놀기도 할 겸 찾아온다고 했다.

멜버른 시내 중심에서 겨우 5킬로미터 거리에 있는 강변이다 보니 땅값이 장난이 아닌 모양이었다. 이 농장이 지금처럼 자리 잡은 것은 개발을 추진하려던 시 당국과 시민들 사이에 오랜 논쟁과 협상이 거듭된 결과물이어서 시민들의 사랑을 더 받는다고 한다. 동물원이자 교육장이자 농장이자 공원인 이곳이 대부분 자원봉사자들에 의해서 관리되고 있는 점도 인상적이었다.

역시 멜버른 외곽에 있는 '세레스 유기농장(Ceres Environment Park)'도 매력적인 곳이었다. 이전에 폐기물 처리장이었던 곳을 오랜 시간에 걸쳐 토양을 개선하고 조성한 곳으로 친환경 연구와 교육이 동시에 이뤄지고 있었다. 육묘장까지 운영하면서 지역 농부들과 유기적으로 결합되어 있었다. 친환경의 모든 영역이 망라되어 있었던 이곳은 오래 기억에 남을 것 같다. 친환경 육묘, 친환경 농사, 친환경 재생에너지, 친환경 습지, 친환경 농부장터, 친환경 식당, 친환경 교육장, 친환경 퇴비장 등이 1만 3천 평 농장 안에 잘 배치되어 있었다. 1년에 견학 오는 학생들만 8만 명이라고 했다. 농장에서 직영하는 판매장도 있고 농부들이 직접 생산물을 가져와 거래하는 장터도 있었다.

친환경 재생에너지 부분은 특히 잘 구성되어 있었다. 우리나라에도 산청군의 민들레공동체나 고산의 덕암 마을, 임실의 중금 마을을 등 에너지 자립마을이 있고 신재생에너지 체험장이 있지만 이곳 세레스는 많이 달랐다. 가령 이런 식이다. 거대한 집열기가 햇볕을 모으면 그 열로 광물을 가열하여 그 광물의 온도 차를 이용해서 전기를 발생시킨다. 식물 잔해들을 발효시켜 바이오가스를 만들어 주방으로 연결해서 조리를 하는 시설도 있었다. 학생들이 교육체험하기에 좋은 장치로 보였다.

풍력발전기로 만든 전기를 이용하여 농장에 물을 대는 장치도 있다. 빗물을 모아 두는 저지대의 연못물을 위쪽 농장으로 끌어올리는 이 장치는 수로 배관을 지하로 하지 않고 노출시켜서 방문객이 그 원리를 잘 살펴볼 수 있게 했다. 경사진 농장 옆에는 버려진 욕조 여러 개를 위에서 아래로 나란히 이어 놓고 배수구끼리 파이프로 연결해서 욕조마다 농사 부산물과 음식 찌꺼기, 가축 배설물 등을 채워 두니 지렁이 양식장도 되고 고농축 액비 생산 시설도 되었다. 유기물이 부식되면서 연결된 파이프로 진한 액비가 흘러내려 모아지고 있었다. 이는 작물에 뿌려 주는 좋은 거름이다.

셋째는 온라인 장터다. 온라인 판매가 발달하기로는 우리나라만한 곳이 없을 것이다. 그런데 우리가 방문한 '우비(Ooooby, Out of our own Backyards)'는 온라인 장터라는 점에서는 우리나라의 다양한 온라인 농산물 거래 장터와 닮았지만 가장 특징적인 것은 각 지역에 독립적인 운영체가 있고 그것이 망으로 연결되어 있다는 점이다. 우리나라 생협들처럼 전국 물류센터를 갖고 있지 않았다. 우리의 개별 농가나 몇몇 영농조합 제철 농산물 꾸러미와도 달랐다.

우리가 방문한 오클랜드 우비에서는 그날이 농부들이 농산물을 가져오는 날인 동시에 발송하는 날이었다. 화요일이었는데, 전주 금요일까지 주문받은 목록을 바탕으로 해당 농가들에서 요구받은 양만큼의 농산물을 이곳으로 가져오면 선별 작업을 거쳐 포장하는 중이었다. 농가들에게는 1주 단위로 대금을 지불한다고 한다. 호주의 시드니뿐 아니라 다른 해외 지역으로 확장해 가는 중이라고 했다. 한국에도 이 시스템을 설치할 수 있다고 했는데, 어떤 운영 면에서 강점이 있는지는 명료하게 보이지 않았다. 지역 체제를 중요시하는 것은 두드러진 특징 같았다.

농민들의 주도성

우리가 둘러본 여러 유형의 농산물 시장들은 어느 곳 가리지 않고 농부들이 주도권을 쥐고 있다는 점이 우리와 가장 큰 차이라고 하겠다. 위에 소개했던 페닌슐라 유기 농장의 농장주는 '빅토리아주 농민시장연합회' 회장이었다. 시장연합회를 농민이 운영한다는 것이다. 가락동 농산물시장을 농민들이 운영한다는 것이니 새로운 발상이 아닐 수 없다.

농민들로 조직된 '빅토리아주 농민연합(Victoria Famers Federation)'에서는 주 정부의 농업정책을 수립한다. 산하에 축산, 곡물, 원예, 양계 등 7개의 강력한 품목별 조직을 구성하여 생산과 유통을 확실히 장악하고 있었고, 놀라운 것은 물·토양관리위원회와 같은 주요 사안에 대한 네 개 위원회를 구성하여 자율적으로 물과 토양을 관리하고 있었다. 행정의 역할을 농민단체가 하고 있는 격이었다.

그런 점에서는 호주뿐 아니라 뉴질랜드도 같았다. '뉴질랜드 유기농협회(Organic Farm New Zealand)'는 자체 유기인증을 발급하는 기관으로 지정되어 있다. 우리가 방문했던 '롱브레스 유기농 농장(Long Breath Eco Organic Farm)' 농장주도 위 협회의 감사직을 맡고 있었고 '유기농시스템'의 회장직을 맡고 있었다. 전형적인 가족농이면서 농산물 시장을 운영하는 것과 농업정책을 만드는 역할을 하고 있었다.

왜 그럴까? 대한민국은 지역농업을 협의하는 기구인 농민회의소마저 지지부진하고 자유무역협정(에프티에이)으로 인한 농민 손실을 보전하고자 하는 '농업파괴무역이익 공유제'를 하자고 몇 년째 요구해도 마이동풍인데, 호주와 뉴질랜드는 농민단체가 나라 농정을 좌지우지하고 농산물 시장도 장악하고 있는 이유가 뭘까? 더구나 뉴질랜드와 자유무역협정을 체결하기 직전 박근혜 대통령은 우리나라도 뉴질랜드처럼 농민들에게 지원금을 주지 않고 농민들이 자립적이어야 한다고 말한 적이 있다. 이게 맞는 말인가?

연수단의 조별 토론에서 나온 몇 가지 지적은 기억할 만하다. 호주와 뉴질랜드는 국토 면적에서 농목축지가 차지하는 비율이 각각 66%와 52%나 된다. 20%인 우리와는 비교가 안 된다. 그런데 비율 비교는 의미가 없을 수 있다. 총 면적으로 따지면 더 차이가 커진다. 호주는 땅덩어리가 우리나라의 77배다. 호주는 서비스를 포함한 총 수출액에서 차지하는 농목축업의 비중이 2004년 기준으로 자그마치 19%나 된다. 소고기 수출은 세계 1위이고 유제품 수출은 세계 3위이다. 전 세계 양털 생산량의 1/3을 호주가 생산한다. 뉴질랜드는 총 수출입 규모의 50%에 이른다. 우리는 1%도 되지 않는다.

우리나라 수출 랭킹 선두에 드는 반도체 산업과 통신기기, 그리고 자동차 산업을 주도하는 삼성과 현대가 우리나라 경제정책을 좌지우지하는 것과 비교할 수 있겠다. 농목축업이 나라의 중심 산업인 나라와 경제 유발 효과나 국민총생산 비중이 낮은 우리나라는 다를 수밖에 없을 것이다.

나라의 복지 제도도 검토의 대상이다. 멜버른의 퀸빅토리아 시장에서 만난 교포 할머니가 하신 말씀이 예사롭지 않다. 당신은 지금 한 달에 180만 원씩 연금을 받는다고 했다. 지금껏 자녀들 교육비와

의료비를 전액 무료로 살았고 지금도 그렇다고 했다. 실제 우리는 멜버른 도심의 순환 전차를 무한정 무료로 탈 수 있었다. 직장과 수입을 잃는 순간 알거지가 되는 우리 현실과 다르다. 사회적 지위에서 가장 취약한 우리 농민들을 저런 나라들과 견주어서 농업지원금 운운하는 것은 터무니없는 주장이라 하겠다.

사실 농업은 경제성이나 생산성으로 검토될 분야가 아니기도 하다. 이미 다른 나라들은 그런 단순 경제 논리로 농업을 보지 않는다. 국민총생산의 2%도 되지 않는 농업을 애지중지하며 지원하고 육성하는 선진국들이 많다. 농업이 갖는 다원적 가치 때문이다. 이것을 인식하느냐의 여부가 그 나라의 문화적 수준이라 해도 과언이 아닐 것이다. 호주나 뉴질랜드의 농업에 대한 중시 역시 꼭 농산업의 규모나 생산성 때문만은 아니라고 본다. 유기농에 대한 규정을 보면 아예 철학의 문제임을 느끼게 하기 때문이다.

우리는 '친환경농어업 육성 및 유기식품 등의 관리·지원에 관한 법률'에서 유기농을 참으로 정교하게 규정하고 있다. 2조에 보면, '합성농약, 화학비료 및 항생제·항균제 등 화학자재를 사용하지 아니하거나 그 사용을 최소화하고 농업·수산업·축산업·임업(이하 '농어업'이라 한다.) 부산물의 재활용 등을 통하여 생태계와 환경을 유지·보전하면서 안전한 농산물·수산물·축산물·임산물(이하 '농수산물'이라 한다.)을 생산하는 산업을 말한다.'고 규정하고 있지만 뉴질랜드는 다음과 같다. '토양의 건강성을 살리고, 생태 및 사람들의 삶을 유지시키는 것, 즉 지역 환경에 순응하여 생명의 다양성을 보존하고 순환시키는 생태적 노력을 통해 인간 삶의 질을 높이며, 사람들 간의 공정한 관계를 형성시키고 환경 보존의 유익함을 공유할 수 있게 하는, 전통·혁신 및 과학기술을 종합한 농업을 의미한다.'

이렇게 차이가 나다 보니, 작년에 가수 이효리가 집에서 키운 콩을 판매한다고 개인 블로그에 올렸다가 난리가 날 수밖에 없었던 것이다. 유기농이라고 써 붙인 팻말 사진이 문제가 된 것이다. 유기 농산물의 생산·취급·판매는 국가기관의 인증을 받아야 하고 이를 위반하면 이 법 60조에 의거, 3년 이하의 징역이나 3천만 원 이하의 벌금을 물게 하고 있다. 참 황량한 농업정책이 아닐 수 없다. 정책이랄 것도 없고 철학의 부재가 개탄스러운 수준이다. 유기 농산물의 개념과 지향을 바로 세우기보다 농사 과정의 화학물리성과 위반 시 처벌을 강조하고 있는 것이다.

역동적인 생명의 길

위에 언급했던 '롱브레스 유기농 농장(Long Breath Eco Organic Farm)'의 농장주 브렌든 홀(Brendan Hoare)을 만나기 전에 농장 이름부터 예사롭지 않다고 여겼는데 역시나 그랬다. 호흡을 농장 이름에 붙인 사람답게 그는 동양에 심취하여 5년 동안이나 아시아에서 농사 현장에서 일을 배웠고 지난 10월에 괴산에서 열린 세계유기농축제에도 다녀왔다고 했다. 그의 농장은 농사가 주가 아니라 삶이 주였고 자연이 주심인 것처럼 보였다. 자연에 다가가는 태도도 사뭇 달랐다. 주변 산세와 등고선 표본도를 놓고 농장을 조성했다. 물과 나무와 풀과 동물이 어디에 깃들어야 하는지 풍수와 주역의 원리를 좇아 배치했다. 뒷산에서 화목이 조달되었고 꽃이 만든 꿀을 벌이 모았다. 동물들과 과수, 밭농사, 정원, 집, 숲이 합당한 자기 위치에서 활력이 있었다. 현대 농업이 오래전 잃어버린 농사의 참모습이다.

흘은 우리에게 인상 깊게 읽은 책이라면서 『4천 년의 농부』를 소개했다. 이 책은 미국 농림부 토양관리국장을 지낸 프랭클린 히람 킹(Franklin Hiram King, 1848~1911) 박사가 1909년부터 3년간 중국과 한국, 일본을 여행하면서 유기농법을 눈으로 보고 쓴 답사 보고서이자 그의 유작이다. 킹은 화학비료와 거대 농기계에 의존하는 현대 농업을 이미 그 당시에 절감하고서 동양에서 대안을 찾았던 것이다.

"인간은 지구 상에서 가장 낭비적인 오물 생산자다. 인간은 그의 손길이 닿는 모든 살아 있는 것들과 그 자신까지도 황폐화시켰다. 그의 파괴의 빗자루는 세대를 거치면서 통제력을 잃었고, 모든 생명의 토대가 되는 땅의 비옥함을 앗아가 향후 수백 년 정도밖에 지속할 수 없게 만들었다."고 절규하면서 그는 땅을 착취하지 않는 공생의 농법에서 희망을 찾았다. 인간의 똥을 비롯한 동물의 배설물과 연료로 쓰고 남은 재, 땔감으로 쓸 수 없는 낙엽과 잔가지 등을 신성시하면서 땅에 뿌려 온 동양의 배설물 활용법을 극찬했다. 모두 우리가 버린 지 오래된 삶의 지혜이자 농사 기술이다.

1924년경 루돌프 슈타이너에 의해 시작된 농법인 생명역동농법을 온전히 실천하고 있는 '카오스 스프링스 농장(Chaos Springs Farm)' 방문도 인상 깊었다. 잔디를 깎는 방향까지도 역동성을 살리고 있었고 밭에 심은 작물이 8괘를 따른 모습도 돋보였다. 특히 증폭제를 만드는 전 과정을 볼 수 있었다. 모터를 이용하여 크고 투명한 물통의 물을 정회전과 역회전을 반복시키고 있었다. 24시간 동안 계속한다고 했다. 뉴질랜드 북부에 있는 생태마을 공동체인 '어스송 커뮤니티(Earthsong Eco-Neighborhood)' 방문도 기억에 남는다.

한국 농업이 역동성을 되찾기 위해서 어떤 선택을 해야 할까. 이번 연수단원들의 공통된 과제가 될 것이다. 연수단은 여러 농업 현장에서 경험과 지혜를 축적한 사람들로 구성되었고 의지를 갖고 있는 분들이었다. 호주나 뉴질랜드는 자연 조건이 농목축업과 원예에 적합하고 낙농업을 하기에도 좋은 여건을 갖췄다고 할 수 있다. 이 분야의 산물로 타 산업 종사자까지 먹고살 수 있어야 한다. 이러한 환경 조건에서는 농업의 역할과 비중이 클 수밖에 없다. 수출농업의 길을 선택하는 것이 자연스럽다.

산이 많고 농지가 협소한 우리의 경우 자립농업을 어떻게 설정해야 할지가 중요해 보인다. 흔히 자립농업의 개념을 국민 단위의 먹을거리 자급으로 보기도 하고, 농민들의 자립적 삶에 두기도 하는데 어느 쪽이든 우리 농업 현실에서는 요원한 과제로 남는다.

국토의 합리적인 활용 범위 안에서 우리의 농업자립 계획을 설계할 때라고 본다. 먹을거리의 자립도뿐 아니라 농산 직물이나 공업용 원자재 공급, 농사와 농소득에서 산림 생산과의 연관성을 살피는 농업 자립도를 정하는 게 필요할 것이다. 요즘은 관광이나 교육, 힐링까지 농업의 부가적 가치 영역에 두는 경향이 있다. 농지 규모나 먹을거리 생산량에 대한 관심에서 농부 중심의 유통, 문화 매개 농업 등 새로운 분야를 열어 가야 할 것이다.

어스송 커뮤니티에서 듣게 된 소크라테스의 말로 글을 맺는다. 농부가 밥 한 그릇 찾기 위해 도심에서 1시간 반을 헤매는 일이 없기를 바라며.

진정한 변화란 과거에 맞서는 데 온 힘을 기울이는 것이 아니라 새로움을 추구하는 데 당신의 온 힘을 기울일 때 찾아온다. - 소크라테스

The secret of change is to focus all of your energy, not on fighting the old, but on building the new. - Socrates

-『모심과살림』 제6호, 2016년 1월

소농은 혁명이다

등록 1994.7.1 제1-1071
1쇄 발행 2016년 5월 25일
2쇄 발행 2016년 12월 31일
3쇄 발행 2018년 5월 31일
4쇄 발행 2022년 1월 15일

지은이 전희식
펴낸이 박길수
편집인 소경희
편 집 조영준
관 리 위현정
디자인 이주향
펴낸곳 도서출판 모시는사람들
　　　　03147 서울시 종로구 삼일대로 457(경운동 수운회관) 1207호
전 화 02-735-7173, 02-737-7173 / 팩스 02-730-7173

인 쇄 천일문화사(031-955-8100)
배 본 문화유통북스(031-937-6100)
홈페이지 http://www.mosinsaram.com/

값은 뒤표지에 있습니다.
ISBN 979-11-86502-47-1 03300

이 도서의 국립중앙도서관 출판예정도서목록(CIP)은 서지정보유통지원시스
템 홈페이지(http://seoji.nl.go.kr)와 국가자료공동목록시스템(http://www.
nl.go.kr/kolisnet)에서 이용하실 수 있습니다.(CIP제어번호: 2016009470)